「英語モード」でライティング

装幀	菊地 信義
イラスト	勅使河原 緑
本文デザイン	(有)ギルド
DTPオペレーション	(有)ギルド
編集協力	大橋 牧子
	村田 真佳
	生沼 素子
	(株)ぷれす
	Kodansha America, Inc.

「英語モード」でライティング

ネイティブ式発想で英語を書く

大井恭子［著］

講談社インターナショナル
Tokyo・New York・London

はじめに

●インターネットで蘇った、「書く」ことの重要性

インターネットの普及で、「最近書くことが多くなったなあ」と感じたことはありませんか？

今や、インターネットやEメールは、電話と同等あるいはそれ以上の利便性を持つ通信手段として、不可欠なものになりつつあります。この現象は、かつて手紙＝「書く」ことから、電話＝「話す」ことへ移行した時代以降、あまり目を向けられなくなっていた「書く」ことの重要性への再認識をうながしています。ここに来て、「書く」ことの地位が再浮上した、というわけです。

そこで、威力を発揮するのが、英作文の力です。電話などの話し言葉であれば、言った先から消えていってしまいますが、Eメールなど、書いたものは残ります。とりわけ昔から「文は人なり」と言われるくらいですから、より的確に自分の意図を伝え、自分の文章によって読み手に好印象を与えられるように、「英語を書く」技を磨く必要があります。

●アメリカでは、教育を受けた人＝書く訓練を受けた人

英語社会は「書く社会」で、アメリカのビジネスマンの仕事とは、「書くこと」と言っても過言ではないでしょう。したがって、アメリカの大学生は、徹底的に書く訓練を受けます。どこの大学でもたいていの学生は1年生のときの「フレッシュマン英語（Freshman English）」と呼ばれる授業をとらされ、その授業を通して徹底的に書く英語の訓練を受けます。スペルが正しいことはもちろんのこと、正

しい文法で、しかも論理的に説得力を持った文章を書くように指導されます。この訓練は、上の学年に進んでも、各科目のterm paperと呼ばれるレポート書きを通じて4年間続けられます。このような訓練を受けて初めて「教育を受けた人 (literate)」という呼ばれ方にふさわしい人材ができるというわけです。

　一方、日本の教育においては、日本語・英語を問わず、「書く」訓練が充分にされているとは思えません。

●英語を「書く」ことは、「話す」ことの基本

　「英会話も満足にできないのに、英作文なんてとてもとても……、まずは英会話をマスターするのが先決」とお思いの方もいらっしゃるかもしれません。

　でも、ちょっと考えてみてください。英会話にしても、基本になっているのは英語の文です。英文を話したら英会話、書いたら英作文ということで、どちらにしても英文で表現するという点では同じなのです。

　「話す」場合は、時間的に余裕のない状態で英文を発していかなければなりませんが、「書く」場合は時間をかけてじっくり考えて英文を組み立てることができます。時間をかけて、ゆっくり英文の構造を考えるということは、英語という言語をあらゆる角度から検討する余裕につながります。英語の特性を含む全体像に思いをはせることができるということなのです。

　つまり、「書く」ことは「話す」ことの基本であり、まとまった文章が書けることは、語学鍛錬の到達点であるとも言えます。書き方さえ心得ていれば、時間をかけることのできる英作文のほうが、英会話より楽かもしれません。

●日本人の英文は、「さっぱりわからない！」と言われる理由

「書く」ということは、「読んでもらう」ことが目的です。情報の受け手に読ませるためには、文法的に正しいのはもちろん好ましいことですが、それだけでは困ります。「読みたくなるような文章」、少なくとも「読むのが苦痛にならないような文章」を私たちは書く必要があります。

ところが、日本人の書く英文は、「何を言いたいのかがさっぱりわからない！」と指摘されることが、しばしばあります。なにもこれは初心者や中級者に限ったことではありませんし、英語の文法が正しくないから、ということでもありません。要は、全体的な論の運び方が英語本来の流れでないと、そんな感想を抱かせてしまうのです。

たとえば、日本人が書く英文はどうしても日本式考え方に引きずられがちです。一語一語を日本語から英語に直してでき上がった「英文」は、往々にして、「日本語のかおり」がぷんぷんと香り立つような文章になってしまいます。そんな英文は、なかなか最後まで相手が読んでくれません。

一方、日本語を単に英語に置き換えているだけでは、その言語の持つ特性など無視して、言語をアルファベットの記号として使っているに過ぎません。英語の持つ英語らしさ、英語という言語の持つ特性を生かしてこそ、「英語モード」で英語を操っているということになります。

●「英語モード」とは？

「英語モード」という用語は、「パワー・イングリッシュ」シリーズの先輩、『「英語モード」で英会話』（脇山怜、佐野キム・マリー共著）で提唱されたものです。脇山氏と佐野

氏は、同書において、英語を使うときの「日本語モード」から「英語モード」への発想の変換の必要性を、「英会話」を舞台に、みごとに解説なさっています。私は、それに倣い、「英語モード」への変換の必要性を「ライティング」を舞台に言及してみることにしました。

「英語モード」になるということは、日本語の発想のまま、ただそれを英語に直して英文にするのではなく、発想法そのものから「英語モード」にするということです。

「英語モード」になるといっても、私たち日本人が日本人としてのアイデンティティや個人としての特性を消して、アメリカ人のようになれと主張しているのではありません。英語の持つ「くせ」を知り、英語を操る人々の「心構え」のようなものを身につけて、英語でのコミュニケーションの土俵に上がってみてはどうでしょうか、と提案してみたいと考えたのです。

そこで、本書では、「英語の特性」とは一体どんなものなのか、英語らしい英語を操るためにはどういう心構えが必要なのか、客観的・論理的な文章を書くための方略（ストラテジー）とはどういうものか、などについて紹介してみることにしました。

この本が、皆さんのお役に立ち、日本人ならではの情報や意見を、国際社会に向けてどんどん発信していってほしいと願っています。

2002年2月

大井　恭子

目次

第1章

こんなに違う！「日本語式発想」VS「英語式発想」

1 14
見えている世界が違う「日本語」と「英語」
カエルは何匹？
water はお湯？
米屋でご飯を買う？
女の人は何人？

2 22
私が体験した「英語式発想」
「よろしくお願いします」は、英語でどう言う？
自己アピールの表現も英語と日本語では違う！
幼い子どもにも論理で押す
ごちそうを用意しているのに、「なにもございませんが」？

3 30
「英語モード」と「日本語モード」
日本語の見方を捨てて、英語の見方をする
英語を「書く」ときも「英語モード」で

第2章
どこが違う？「日本語モード」と「英語モード」の英文

1 36

ここが違う「日本語モード」と「英語モード」
日本人とアメリカ人の大学生が同じタイトルで作文を書くと…
身近な話題 VS 客観的文章
"I"が多い「日本語モード」の英文

2 42

心得ておきたい日本語の「くせ」
日本人は一人称で書く身辺雑記が得意
主語がなくてもすむ日本語ときっちり主語を求める英語

3 48

「直線の論理」VS「渦巻きの論理」
何が言いたいの？
「直線の論理」と「渦巻きの論理」
英語は、まず主張を述べる
日本人的論理展開に対する批判

第3章
「英語モード」で英文を書く8つの秘訣

秘訣 1 60

主語を"I"以外のものにする

秘訣 2 64

「思う＝I think」はなるべく使わない
"I think"は自信のなさの表れ
特に避けたい"I think"の後置き

秘訣 3　　　　　　　　　　　　　　　　　　　68
あいまいな表現は排除する
日本人はあいまい表現を使いすぎる
「ケース・バイ・ケース」は通じない
「はっきり言わないとわからない」英語社会

秘訣 4　　　　　　　　　　　　　　　　　　　74
「能動態」で力強い文章を書く
be動詞を使いすぎない
情景描写を好む日本語 VS アクション描写を好む英語
日本人は受身形が好き
「電話を切られてしまった」は、英語にならない？
英語でも、こんなときには受動態

秘訣 5　　　　　　　　　　　　　　　　　　　80
時制の一致を心がける
動詞の現在形と過去形の混在は、英語ではダメ
動詞の部分には、下線を引いてみよう
英語の時制の一致は難解、けれど基本中の基本

秘訣 6　　　　　　　　　　　　　　　　　　　86
感想文的文章から客観的文章に変換する
「読み手」を意識する
会話体を使わない
知的な文章は「知識変形型」文章
「自問すること」が重要
「知識発表型」と「知識変形型」の文章の例

秘訣 7　　　　　　　　　　　　　　　　　　　94
「アーギュメント」を会得する
「アーギュメント」って何？
「アーギュメント」の条件とは？

秘訣 **8**　　　　　　　　　　　　　　　　　　　　　**102**

英語の文章のフォーマットを守る
「随筆」と「essay」はまったく違う
「結論」を冒頭で書く
「アウトライン」を考えてから書く
望ましいエッセーの構成とは？
意見を述べる「議論文」の構成

第4章
内容豊かで洗練された英文を書くための6つの秘訣

秘訣 **9**　　　　　　　　　　　　　　　　　　　　　**116**

自分で自分に質問する
5W1H（Who, What, When, Where, Why, How）の質問をする
アイディア発見のためには、どんな質問をすればよい？

秘訣 **10**　　　　　　　　　　　　　　　　　　　　　**122**

「リスティング」と「クラスタリング」
「リスティング」をして、構想を練る
「クラスタリング」でアイディアを広げる

秘訣 **11**　　　　　　　　　　　　　　　　　　　　　**128**

同じ言葉の繰り返しを避ける
代名詞に置き換える
別の単語に言い換える

秘訣 **12**　　　　　　　　　　　　　　　　　　　　　**136**

単純な文の羅列を避ける
成熟した文章とはどんな文章？
複数の単純な文をまとまった複雑な文章にする
「センテンス・コンバイニング」の練習

秘訣 **13**　　　　　　　　　　　　　　　　　　**144**
「つなぎ言葉」を効果的に使う
　短い細切れの文章を流れのある文章にまとめあげるためには？
　　　「つなぎ言葉」には、8つの機能がある
　　　　「つなぎ言葉」とコンマの位置
　　　　「つなぎ言葉」を入れる練習

秘訣 **14**　　　　　　　　　　　　　　　　　　**152**
「知的小道具」を活用する
　「知識発表型」から「知識変形型」の文章にするための「知的小道具」
　　　「知的小道具」を使って、成熟した文章に
　　　　使えるようになりたい「知的小道具」表現集

第5章
これができればパーフェクト！「推敲」と「エディティング」

1　　　　　　　　　　　　　　　　　　　　**160**
「推敲」するときのポイント
　　　　　　推敲の仕方
　　　「仮想の読者」の目で読み直す
　　　　　推敲作業を実践
　アメリカ人が同じトピックで書くと…
　　　　言葉を尽くして説明する

2　　　　　　　　　　　　　　　　　　　　**170**
「エディティング」のポイント
　　　たかがスペリング、されどスペリング
　日本人によくある文法の間違いをチェックするポイント

＜付録＞チェックしておきたい英文表記
　　～大文字・コンマ・コロンのルール　**178**

あとがき　**186**
参考文献　**188**

第1章

こんなに違う!「日本語式発想」VS「英語式発想」

1 見えている世界が違う「日本語」と「英語」

これから、英語を勉強している多くの人が苦手とする「英語らしい」英語の書き方を、わかりやすく紹介していきますが、具体的な説明に入る前に、まず「日本語で見る」場合と「英語で見る」場合の世界や現実の見方、とらえ方の違いを、いくつか紹介してみましょう。

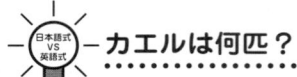カエルは何匹？

「古池や　蛙（かわず）飛びこむ　水の音」

これは、大変よく知られた芭蕉の俳句ですね。さて、この俳句を読んで、皆さんは、蛙が1匹飛び込んでいる姿をイメージされますか、それとも何匹もいっせいに飛び込んでいる情景でしょうか。

最近、この句に関する、とてもおもしろい本を見つけました。『One Hundred Frogs』(Sato, H. New York: Weatherhill, Inc., 1995) という本です。この本には、芭蕉の「古池や　蛙飛びこむ　水の音」の句の英訳がなんと100種類（！）も載っています。たった17文字のこの俳句が、日本人、アメリカ人、イギリス人など、い

ろいろな人の自由な想像力によって、100通りもの違う英語に翻訳されているのは驚くばかりです。

たとえば、ラフカディオ・ハーンは、このように英訳しています。

　　Old pond — frogs jumped in — sound of water.

日本的解釈ですと、蛙が1匹池に飛び込み、「ポシャン」という音が古寺の静寂の中に響いた、という情景だと思います。ところが、ハーンの解釈では、なんと蛙は複数になっています。

そのほか、新渡戸稲造の英訳は、

　　Into a [sic] old pond
　　A frog took a sudden plunge,
　　Then is heard a splash.

ドナルド・キーンの場合は、

　　The ancient pond
　　A frog leaps in
　　The sound of the water.

とさまざまに訳されています。

上に挙げた3つの例を見ると、蛙は1匹だったり、複数だったりしています。それに、「飛びこむ」というところも、jumped in、took a sudden plunge、leaps inというように、いろいろな表現が使われています。しかも、時制も過去形あり、現在形ありです。

現在、俳句は世界的に広く普及していて、この句の解釈、ことに蛙が1匹（a frog）なのか、複数（frogs）なのかが翻訳上問題になっているということです。つまり、欧米の翻訳者にしてみれば、複数の蛙がどんどん飛び込むような解釈も可能である、と主張するのだそうです。

こうした解釈の違いは、1つには、単数と複数の区別

をしない日本語と、単複を峻別する欧米の言語との違いからくるものです。日本語は、蛙は1匹かもしれないし、複数かもしれない、というどっちつかずのあいまいさを許す言語であるとも言えますが、単複両方の世界を同時に成り立たせるほど懐が深い言語である、ということもできます。

　事実、同じく芭蕉の句、「枯枝に　鴉のとまりけり　秋の暮」という句に添えた芭蕉自身の手による絵には、2通りのものがあるということです。[注] 1つは、枯枝に何羽ものからすがとまっている絵（ただし、このときの句は「枯枝に　鴉のとまりたるや　秋の暮」）、もう1つは、枯枝に寂しそうに1羽のからすがとまっているという絵なのです。おそらく芭蕉の胸の内では、この句にはこれらの絵が表す両方の情景が可能だったのでしょう。このように、日本語では単複両方の世界の存在が可能なのです。

　また、日本語は、時制があいまいでもイメージ的にはなんら問題になりませんが、英語は、動詞によって時制を規定せざるを得ず、それによって現在のことなのか、過去に起こったことなのかを、きっちりさせようとする言語だといえます。

注）小塩節「芭蕉とからす」、NHK総合『視点・論点』、2000年6月2日放送。

water はお湯？

夏休みにアメリカの友人宅を訪ねたときの、紀子のエピソードです。

彼女は、友人のキャサリンの家で、お茶を入れる手伝いをしていました。キャサリンから"Put some water in the teapot."と言われた紀子は、ティー・ポットの中に水道の水を入れました。それを見たキャサリンは、「えっ！」という顔をしました。キャサリンは、やかんの中にある hot water を入れてほしかったのです。それなのに、紀子は「水」を入れてしまったからです。

物理的（化学的）世界では、H_2O として表される同一の物質であっても、言語が違うと分割のされ方が異なってきます。日本語と英語の場合、下の表のような対応関係になっています。

日本語	氷	水	お湯
英 語	ice	water	

英語では、必ずしもお湯をhot water, 水をcold waterと区別するのではなく、どちらもwaterとして使うということを、紀子は知らなかったのです。そのため、このような失敗談が生まれてしまった、というわけです。

米屋でご飯を買う？

　次は、アメリカから日本に留学している青年、ジョンのエピソードです。
　ある日、ジョンは、米 (rice) の買い置きがないことに気づき、お米屋さんに出かけました。そして、店番をしていた米屋のおばあさんに、「すみません。ご飯をください」と言いました。本人はもちろん、"Excuse me. I

would like to buy some rice." と言ったつもりでしょう。でも、ハードな勉強の疲れでやつれきって痩せているジョンの姿に同情したのか、おばあさんは、「ちょいと待っておいで！」と言って、奥に引っ込み、しばらくの後、おにぎり (rice ball) を持って出てきたそうです。

これは、自分の母語で区別していない物を、別の言語で区別して考えるのは難しい、ということが表れた笑い話です。

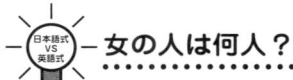

女の人は何人？

みなさんは、日本語で、
「女の人が、台所で、ケーキを焼いています」
という文章を聞いたり、読んだりしたとき、どんな情景をイメージするでしょうか。そして、「では次に、この文を英語で表してください」と言われたとき、どうするでしょうか。

英語の場合、「女の人」、「台所」、「ケーキ」、「焼く」という、ここに提示された日本語の中にある情報以外に、いくつかの情報が必要になります。

まず、日本語では単数・複数の区別をあまりしませんが、英語では女の人が1人なのか複数なのかで a woman か women かに分かれます。さらに、その女の人が、文脈上特定されているのかどうかで、the woman、a woman、the women、some women かに分かれます。そして、同様に台所に関しても、a kitchen、the kitchen の区別が出てきます。加えて、焼いているケーキの数を示したければ、a cake、two cakes、some cakesなどの表現が必要になってきます。その結果、たとえば以下のようなさまざまな組み合わせが可能になります。

(1) A woman is baking a cake in the kitchen.
(2) Some women are baking a cake in the kitchen.
(3) A woman is baking some cakes in a kitchen.
⋮

このように、私たちが最初「女の人が、台所で、ケーキを焼いています」という文を見て、描いていたイメージも、厳しい英語の要件にあてはめて英訳してみると、バリエーションに富む英文が多く出てくることになり驚きます。まさに、解釈の仕方がさまざまできるわけです。

こんな手紙で応募したら、まず不合格！

　私が教えている日本の大学のクラスでは、「アメリカの架空の大学（ABC College）が奨学金付きで留学生を募集している」という想定の下で、それに応募する手紙を学生に書かせることがあります。その際、下のような手紙文を書く学生がけっこういます。

Hi. How are you? I am writing for the first time.

これは、「こんにちは。初めまして。」という意味のつもりなのでしょうか？　でも、初めて手紙を出すのに、How are you? なんてもってのほかです。

I want to go to ABC college and study English. My English is poor. So I want to study in America. If I can get a scholarship, I will study hard. So please give me your scholarship.

自分の英語力のなさを訴えてどうするのでしょう？　英語ができない人が入学を許可されるわけがありません。一生懸命勉強する？　それは当たり前のことです。こんなことは書くに価しないのに、どういうわけかこの手の「決意表明」を書く学生がたくさんいます。

　「どうかお願いですから奨学金をください」という情に訴える懇願調の文章は、英語にはそぐいません。こんな手紙では奨学金はおろか、入学許可さえ到底もらえないでしょう。

2 私が体験した「英語式発想」

英語と日本語の発想の違いによる悲喜劇はたくさんありますが、私自身が体験したことも少し紹介しておきましょう。

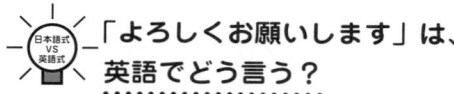

「よろしくお願いします」は、英語でどう言う？

まずは、私が高校3年生のとき、アメリカに1年間ホームステイしながら、AFS留学生として高校に通うという経験に恵まれたときのことです。その当時、留学というのは、現在と違って一般的でなく、私はわくわくと胸の躍る毎日を送っていましたが、一方両親は外国に子どもを1年間出してしまうということで大変心配していたようでした。

そして、ホームステイ先が決まると、父は相手の家族あてに手紙を書くことにしました。かつて旧制中学で学んだ英語を何とか駆使し、辞書を片手に親としての思いを懸命に英文にしようと試みていました。

手紙のおわりに差しかかった父はそこで手を止め、「『よろしくお願いします』というのは英語で何というの

だろう？」と言うのです。

　父としては「娘のことをよろしくお願いします」というのは、日本語では至極当たり前の文章なので、どうしても英訳したいという思いがありました。でも、一方、"Please take care of my daughter."では何かおかしいという気持ちもあったのでしょう。当時高校3年だった私の知識でも、「よろしくお願いします」の直訳はできかねました。ホストファミリーが私のことを take care するのは当たり前のことなので、"Please take care of my daughter."（お願いだから、自分の娘の面倒を見てください。）などと書くのは、大変失礼なことだと思いました。そこで、2人で頭を抱えたことをよく覚えています。

　これが、日本語の中にはそのまま英訳することができない表現があるのだ、と私が気づいた初めての経験だったと思います。

第1章　こんなに違う！「日本語式発想」VS「英語式発想」

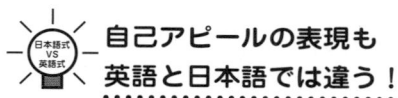

自己アピールの表現も英語と日本語では違う！

そして次は、私が大学院へ留学することになったときのことです。私は奨学金獲得のため、入学予定の大学あてと日本にある奨学金を出してくれそうな財団あてに、それぞれ応募のための文章を書くことになりました。アメリカの大学あてにはもちろん英語で、そして日本の財団あてには日本語で書く必要がありました。どちらも、自分がどのような人物であるかを伝え、さらにアメリカの大学院での研究計画、そして帰国後の抱負なども含めた内容のものです。

まず最初に、英語の申込書から書くことにしました。英語版の奨学金申し込みの文章では、私という人物がいかにその大学の奨学金を得るのにふさわしいかということを、かなりずうずうしく大げさに、自分の能力を誇示するように書きました。

そして、日本語版の申し込みの文章を書こうとしたとき、日本語ではとてもではないですが、そのままの調子で書くことははばかられました。結局、日本語版のほうは、英語版の文章に比べたら、かなりトーンダウンした控えめな文章にならざるを得ませんでした。

　このときも、「どうして同じ自分という人物描写なのに、用いる言語が違うと、こうも内容が違ってくるのだろう」と、いぶかしく思ったものです。そこで私は、はたと英語と日本語の発想の違いに気づき、驚いたのです。

　今思うと、結局これが、その後私が大学院で「対照修辞学（contrastive rhetoric）」を専攻することになったきっかけだったのだと思います。

 幼い子どもにも論理で押す

　今度は、私が母親になってから遭遇した、ニューヨーク市マンハッタンの、とある博物館の前でのできごとです。ちょうど展示が子どもにもおもしろそうなものであったせいか、入場券売り場の前は小さい子どもを連れた親が列をつくって、かなり込み合っていました。

　小さい子どもというのは、じっとしているのが苦手ですから、そのうち、1人の女の子が母親から離れ、列の周りをうろうろし始めました。すると、その子の母親らしい女性が、自分は列を離れることなく、その子に向かって大声で叫び始めました。"Jennifer, come back. Come back to me immediately!"（ジェニファー、戻ってきなさい。今すぐに戻りなさい。）

そして女の子が戻ると、その母親は、皆に聞こえるような大声で次のようにお説教を始めました。

"First of all, do you know where you are? Second, how are you going to get home when you are lost? Third, do you know how you are supposed to behave if you are lost?"（まず、あなたは自分がどこにいるか、わかっているのですか。第2に、迷子になった場合、家にどうやって帰るのですか。第3に、もし迷子になったとしたら、どのように行動すべきかあなたはわかっているのですか。）

私はその母親が、公衆の目をものともせず、大声で理路整然とした物言いで、4、5歳くらいの子どもにお説教をしている姿に圧倒されました。

そのとき、これが私だったらどう言っただろうと考えました。多分、自分から子どもをつかまえに行き、「だめじゃない、1人でぶらぶらしていたら。迷子になったらどうするの。こわい、こわいでしょ」というような言い方で戒めたに違いありません。

このアメリカ人のお説教の仕方がきわめて「理性的」だとしたら、私のしそうな日本的な叱り方は、多分に「情緒的」であると言えると思います。

このことを異文化コミュニケーションにあてはめてみると、相手がFirst of all, ..., Second, ... というように理知的に迫ってきたとき、こちらが「ね、こわいでしょ」というような情緒的な物言いで応えたのでは、全くかみ合いません。

これはほんの一例で、一般的に英語圏ことにアメリカでは、このように幼いときから「論理的に」ものを言う訓練がされているのです。「自分の主張を明確にし、そ

して、その根拠を述べることによって自分の主張を相手に納得させる」という装置が、彼らの頭の中で常に作動しているのです。日常生活で培われたこういう言語感覚は、意識して身につけていくしかありません。英語の表現をただ覚えるだけでは、決して習得することができないものです。

作文は思考力を鍛える！

ある本の帯に、「作文を書いて頭を良くしよう！」とありました。作文をすることが知的な訓練になると考える人は多くいます。

たとえば、「文章を書くことが引き金になって、思考力がつき、社会や人間を見る目が養われる」というように、書く訓練の重要性をとらえている人（樋口、2000）もいますし、「文章こそが思考力のエッセンスだ」、「書くという行為はもやもやしたアイディアに明確な言葉を与えていくことであり、だからこそ、書くことで考える力もついていく」と言う人（苅谷、2000）もいます。

さらにアメリカの作文指導者レイムズは「作文は考えを表現すること、意味を伝達することである。作文は思考を意味する (Composing means expressing ideas, conveying meaning. Composition means thinking.)」と述べています。

このように、作文をすることで頭が鍛えられ、ひいては思考力アップにつながる可能性があります。英作文を通じて英語を学び、さらにそれにより思考力もつくのであれば、英作文の鍛錬の効用は抜群と言えます。

ごちそうを用意しているのに、「なにもございませんが」?

　私がアメリカ滞在を終えて日本に帰国してからしばらくたったある日、自宅に(日本人の)お客様を招いて食事を出したときのことです。私は何げなく、日本でいつもこういう場合に用いる表現、「何もございませんが、どうか召し上がってください」と言いました。

　すると、アメリカ育ちの息子は、聞いた日本語をそのまま英語で理解し、"There is nothing to eat, but please eat it."という発言だと思ったのでしょう。テーブルいっぱいに並べられている料理を指差し、「ママ、こんなに食べるものあるじゃない！」と言い、お客様ともども私は苦笑しました。

　確かに、日本語をそのまま英語でこのように言ったら、お客様は面食らってしまうでしょう。英語的発想でいくと、「一生懸命あなたのために心を込めて準備したのよ」

という気持ちを込めて、"I've spent all day cooking this. There are tons more in the kitchen, so please help yourself."(私は一日中、このためにお料理していたのよ。台所にもまだたくさんあるの。だから、どんどん食べてね。)くらいになるでしょうか。

また、どなたかに贈り物をするとき、日本的謙遜表現で、"This is a very cheap thing. But if you like, please accept it."(これはつまらないものですが、でもよろしかったらどうぞ。)などといったら、贈られた人は気味悪く感じるに違いありません。英語のcheapというのは低価格ということだけでなく、品質の悪さをも意味するからです。

そんなときは、"I looked around the entire town and found this for you."(あなたのために街中探してこれを見つけたの。)くらいのオーバーな表現のほうが気持ちが伝わります。一般的に控えめな日本語的表現に対し、英語は大げさなくらいがちょうどよいということです。

3
「英語モード」と「日本語モード」

いくつか日本語的発想と英語的発想の違いをご紹介しましたが、いかがでしたか？

このように、2つの言語の間を行ったり来たりしていると、本当は普遍であるはずの物理的世界が、言語というフィルターを通すことによって、不思議なことに、違って見えることがあるのです。

日本語の見方を捨てて、英語の見方をする

アメリカの言語学者、サピアとウオーフがこんなことを言っています。

「我々は自然界を母語によって敷かれた線により分割している（We dissect nature along lines laid down by our native languages.）」

典型的な例が、18ページで紹介した、「米屋でご飯を買う？」のエピソードの中の"rice"という単語です。riceに対応する日本語は右表のようになっています。

英語	日本語
rice	米　　（穀物）
	ご飯　　（食べ物）
	稲　　（植物）
	モミ　　（種子）

　このように、言語が違うと、当たり前に思っていた物事の区別が異なることがあり、それによって、ものの見方も違ってくる可能性があるというのが、「サピア＝ウオーフの仮説」と呼ばれている考え方です（この説を、体系的に初めて言い出したのが、アメリカの言語学者、サピアとウオーフなので、この2人の名前からこのように呼ばれています）。

　また、サピアとウオーフは、言語が人間の思考にまで影響を及ぼしている可能性があると主張しています。このサピア＝ウオーフの仮説には賛否両論ありますが、これまでご紹介した、いくつかのエピソードからわかるように、言語の違いが、ある程度ものの見方に影響を与えているという側面は否定できないでしょう。

　このように、私たちが文章を書いたり、話したりするとき、私たちは自分が生まれてこの方しゃべってきた母語が内包する文化・発想を引きずってしまうことが、往々にしてあります。それは、大きくとらえれば、日本語でものを考えているときと、英語でものを考えているときでは、同じ物を見ていてもとらえ方が違うということかもしれません。

　そうであれば、日本語を母語とする私たちが、英語でものを表現しようとするとき、ある程度は日本語の見方を捨てて、英語によるものの見方で表現しなければなら

ないということになります。

英語を「書く」ときも「英語モード」で

以上いくつか例をご紹介しましたが、日本語的ものの見方で日本語的発想をすることを「日本語モード」、英語的ものの見方で英語的発想をすることを「英語モード」と本書では呼ぶことにします。

第1章でご紹介したエピソードからわかることは、まず日本語で言葉を思い浮かべ、それを英語に訳してから表現するということでは、日本語的発想（「日本語モード」）から逃れることはできないということです。

英語で表現する場合には、日本語を介さず、まず英語の発想（「英語モード」）で表現してみるということを心がけましょう。英語で話したり、英文を書いたりする場合は、モードのスイッチを「日本語モード」から「英語モード」に切り替え、英語的発想をする必要があるということを、まず認識しておくことです。

それでは次の章から、英語を話す人々の言語感覚の深層に至るところまで、英語の特性をご紹介しながら、「英語モード」に基づく英文の組み立て方を、ポイントごとに解説していくことにしましょう。

ライティングができない学生は落第、最悪は放校!!

「はじめに」で書きましたように、アメリカの大学では書く訓練を徹底的にします。そして、大学が決めた基準に達しないような文章しか書けない学生は、落第を余儀なくされます。

大学・大学院によっては「英語能力試験(English Proficiency Requirement)」があり、学部生や大学院生の進学の際の関門となっています。

たとえば、ある州立大学大学院の場合、15単位取得後にこの「英語能力試験」を受けることになります。この試験に合格した学生だけが、次の学期も授業を受けることができます。この大学の場合、ネイティブ・スピーカー、留学生を問わず、全員が受験し、そのうち、約70%の学生がfirst tryで合格しますが、30%(多くのネイティブ・スピーカーを含む)が落ちます。そして、この試験に3回落ちると、自動的に放校処分になってしまうのです。

第2章

どこが違う？
「日本語モード」と
「英語モード」の英文

1 ここが違う「日本語モード」と「英語モード」

　本書は、「日本語モード」から脱却して、「英語モード」でライティングができるようになることを目的にしています。では、「日本語モード」で書かれた英文というのはどういうものを指すのかを考えてみましょう。

⇔ 日本人とアメリカ人の大学生が同じタイトルで作文を書くと…

　以下の作文は、「結婚」というテーマについて、日米の大学生が書いたものです。初めからちょっと長いのですが、読み比べてみましょう。

[A—日本人大学生が書いたもの]

Now I am 18 years old. And I have not seriously thought about marriage because I think it is not near me. I think I would like to get married when I am 27 or 28 years old. But it is not a serious wish. So my marriage may be earlier, or later than 28 years old. Now, I love a girl who belongs to my play circle. But I don't know whether she loves me or not. (I hope she does . . . .) I don't know if I will marry her. Anyway, marriage is not a serious topic for me.

> (僕は今18歳であり、結婚について真剣にこれまで考えたことはない。なぜならそれは自分にとって遠いものであるからである。27歳か28歳で結婚できたらと思っている。しかしそれは真剣な望みというわけではない。僕の結婚は28歳よりもっと早いかもしれないし、遅いかもしれない。今、僕は同じ演劇サークルにいる女の子に恋している。しかし、彼女が僕のことを好きなのかどうかわからない。（彼女も僕のことを好きでいてほしいと望むけれど…）彼女と結婚するかどうかわからない。どっちにしても、結婚は真剣な話題というわけではない。)

[B—アメリカ人大学生が書いたもの]

Why get married? Or if you are modern, why live together? Answer: Insecurity. "Man needs woman; woman needs man." However, this cliché fails to explain need. How do you need someone of the opposite sex? Sexuality is an insufficient explanation. Other animals do not stay with a mate for more than one season; some not even that long. Companionship, although a better answer, is also an incomplete explanation. We all have several

friends. Why make one friend so significant that he at least partially excludes the others? Because we want to "join our lives." But this desire for joining is far from "romantic" — it is selfish. We want someone to share our lives in order that we do not have to endure hardship alone.

(Kane, 1988)

(「なぜ我々は結婚するのだろう」、あるいは、現代的なタイプの人であれば、「なぜ同棲するのだろうか」という質問になる。答えは「不安だから」、そして「男は女を必要とし、女は男を必要とする」。しかし、このクリシェー（常套句）は必要性というものを正しく説明していない。なぜ異性を必要とするのか。性的充足というだけでは十分な説明になっていない。他の動物は生殖のための相手と、1シーズンを越えて一緒にいることはない。ある種の動物に至っては1シーズンさえも一緒にいない。親密な交わりのため、というもう少しましな答えもあるが、これとても十分な答えにはなっていない。我々はみんな幾人かの友人を持っている。なぜ、1人だけをそれほど重要視して他の友達を少なくとも部分的に排除する必要があるのか。「生活を共にしたいから」か。しかし、この一緒にいたいという希求は「ロマンティック」というには程遠く、利己的ですらある。われわれは苦難に1人で耐えなくても済むように他の人と一緒にいたいのだ。)

どんなことに気づかれましたか？　もちろん、英語を母語としているアメリカ人と、外国語として英語を学んだ日本人とでは、英文としての完成度が違うのは当たり前で、それは考慮の外に置くとして、書かれている内容や書き方に大きな差があることにお気づきになるでしょう。

⬅➡ 身近な話題 VS 客観的文章

　ご紹介した[A]と[B]の文の1つの大きな違いは、テーマを与えられたとき、それをどう処理するか——自分に身近な話題や観察に終始するのか、物事をもっと広く客観的にとらえるのか——そのあたりのアプローチが大きく異なっているという点です。

　作文を書くとき、ただ単に頭に浮かぶことをそのまま文にしていくだけでは、「感想文」の域からの飛躍はできません。

　日本人学生が書いた[A]の文章が、身近な話題、つまり自分のことに関してだけの主観的な文章であるのに対して、アメリカ人学生が書いた[B]の文章は、動物世界全般にまで言及し、客観的な視点から話を進めています。

　[B]の文章を詳しく見てみましょう。

Why [do you] live together?
How do you need someone of the opposite sex?
Why [do you] make one friend so significant . . . ?

というように問いかけをしながら、それに答える形で論を深めていることがわかりますね。しかも、内容は自分自身の生活体験からの意見というよりは、話を一般化して、客観的な立場から人間全体の傾向として話を進めています。そして、その論の進め方も一方的にならないように、other animals との比較を試みたり、selfish という言葉を使って、ある考えに対して批判的な態度を取ることも忘れていません。

「英語モード」で書かれた文章とは、この [B] の例のように客観的な視点から書かれたものを指します。

⇦⇨ "I" が多い「日本語モード」の英文

それに、文体的に見ると、まったく対照的な点があることに気づかれたでしょうか？

日本人学生が書いた [A] の文章のほとんどの文が "I" で始まっているのに対して、アメリカ人学生が書いた [B] の文章には、"I" で始まる文が 1 つもありません。

"I" で始まる文ばかりでは、英文として幼稚な印象を与える文章になってしまい、あまり感心しません。アメリカでは、小・中学生の書く文章でも、"I" で始まる文が 3 つ以上続かないように工夫させているそうです。

アメリカの大学生の語彙は何語？

調査した人によって数字はいろいろですが、下表のような調査結果が報告されています。これによると、英語を母国語として話す子どもたちは、1年に平均して1,000〜2,000語ずつ語彙を増やしていくのがうかがえます。大学生になるころには、2万語くらいの語彙力を持っているようですから、アメリカの大学で、アメリカ人の学生たちと同等にやっていくためには、2万語の語彙力が必要になってくるということになります。

ネイティブ・スピーカーの語彙力

年齢	語彙数
1.3	235
2.8	405
3.8	700
5.5	1,528
6.5	2,500
8.5	4,480
9.6	6,620
10.7	7,020
11.7	7,860
12.8	8,700
13.9	10,660
15.0	12,000
18.0	17,600

(Nation, I.S.P. (1990).*Teaching and Learning Vocabulary*. Newbury House)

2
心得ておきたい日本語の「くせ」

⇦⇨ 日本人は
一人称で書く身辺雑記が得意

　それでは、なぜこのように日本人は英文を書くとなると、"I"で始まる文を多く書いて、内容も身辺雑記風になってしまうのでしょうか。その原因を少し考えてみましょう。

　1つには、日本人にとっては、自分に身近なこと、自分が経験をしたことを一人称で書くのが一番書きやすい、ということがあります。というより、自分のこと以

外のことを三人称で客観的に書くのが苦手、ということも言えます。

興味深い実験があります。同じ4コマの絵を見て、一人称を使った場合と三人称を使った場合の2つの作文を書かせるというものです。それらを比較すると、一人称で書いたほうが語数が多い作文が書け、しかも内容も濃いものが書けているという結果が出ました。(Kamimura & Oi, 2001)

なぜ、一人称で書くことのほうが、日本人学生にとって楽なのかというと、その理由の1つとして、これまで受けてきた小学校での作文教育が影響していると言えるでしょう。

学校での作文教育というと、いわゆる「感想文」と言われるジャンルの文章を書くのが中心です。つまり、「遠足の思い出」とか「キャンプの思い出」など、「自分が〜した」、「自分が〜と思った」ということを中心に文章を書くことが、これまでの作文教育だったのです。「読書感想文」も、よく課せられるジャンルですが、それは決して「書評」と呼ばれるようなものではありません。したがって、学校教育で扱われる文章には、どうしても一人称の文が並ぶことになります。

実は、日本人にとって、一番得意なジャンルが一人称による身辺雑記であるということは、なにも最近始まったことではありません。明治時代に政府の招聘(しょうへい)で東京大学などで英語を教えたラフカディオ・ハーン(日本名「小泉八雲」)は、すでにこのことに気づいているのです。そして彼は、明治時代の学生の書いたものについて、次のようにコメントしたとFister-Stogaの論文(1995)にあります。

「ハーンは、彼の学生たちが個人の経験に基づいて書くとき、より意欲を見せることに気づいた。つまり、自分の家のこととか、親に対する敬愛の気持ちとか、幼い頃の楽しい思い出、友情についてとか、休暇の間にした冒険などについてである」(大井訳)

日本人が、自分の身辺雑記的なことを書くのを好む傾向は、歴史をたどれば、平安時代から鎌倉時代にかけて書かれた『枕草子』や『方丈記』、『徒然草』などの古典にさかのぼることができます。また、日本文学では、いわゆる「私小説」というジャンルが、ずいぶん幅を利かせていたことは周知の事実です。

このように、そもそも日本人は「作文」というと、「自分の身辺に起こったことについて書きつづること」と自動的に考えてしまうのかもしれません。そういう背景を持つ日本人が書く英文は、ついつい内容が身の回りの経験や観察に偏り、なかなか客観的な英文になりにくいのです。

⇔ 主語がなくてもすむ日本語と きっちり主語を求める英語

　もう1つ、文法的な違いが挙げられます。主語を省略しても一向に構わない日本語に慣れている私たちにとって、英文において適切な主語を立てるということは、案外面倒なものです。

　逆に、英語話者の場合は、日本語を話し始めたとき、主語がない文だとなんだか頭がないようで不安定な気分になる、と聞いたことがあります。

　英語の場合は、必ず主語をたて、しかも述語はそれに呼応しているものでなくてはなりません。

　では、日本語はどうかというと、主語と述語からなるというより、トピック（話題「〜は」＝「〜について言うと」）とそれに対応するコメント（「〜だ」）から成り立つ文が多くあります。(注) ですから、よく引用されるように、「僕はコーヒーだ」（喫茶店などで注文する場合や好みを述べる場合）という、一見すると主語と述語が合っていないような文や、「象は鼻が長い」や「魚はタイがいい」という、主語が2つもあるように見える文が可能なわけです。

　つまり、日本語では、「〜は」にあたる部分でその文が語る話題を提供し、それに続く部分はそれに関する説明（コメント）であり、それが話題に呼応する形を取っているわけです。

　ですから、日本語の場合、英語のように厳密な呼応を考えなくても、話の流れからそのときの話題になっているものに「は」を付けてトピックを形成し、それに応じたコメントを付け加え、わりに簡単に文を作ってしまう

ことができます。

　そうした日本語の「くせ」をふまえずにそのまま英文にしようとすると、トピックを主語にしてしまって、次のようなよく見られる間違った文ができてしまいます。

　「僕はコーヒーだ」→ I am coffee.
　「象は鼻が長い」→ The elephant, the nose is long.
　「私の家族は4人です」→ My family is four.
　「数学は水曜日です」→ Math is Wednesday.

　英語の場合、文を作るためには、まず主語（名詞もしくは名詞相当句）を立てるべきであり、そして、その語句に厳密に呼応する述語が必要になってきます。このように、英語はかなり文法規則に縛られた言語であると言うことができるでしょう。

ですから、先の例を英語に直すとき、何を主語にするかが最初に問題になります。「僕はコーヒーだ」が"I am coffee."では、場面によっては理解されることもあるでしょうが、正しくは、"(Talking about drinks,) I prefer coffee."ということになるでしょう。また、「象は鼻が長い」の場合は、主語は1つしか持てないので、"The elephant's nose is long."のように所有格を作ったり、"The elephant has a long nose."のように動詞をhaveへ変更しなくてはなりません。「4人家族です」は、"There are four people in my family."とか"My family consists of four people."と言わなくてはなりませんし、「数学は水曜日です」は、"We have a math class on Wednesday."となります。

　このように、日本語と英語というのは、主語の立て方1つをとっても大きな違いがあります。慣れ親しんできた母語の「くせ」というものは、一朝一夕には抜けるものではないでしょう。ましてや、それぞれ長い歴史のある固有の文化も背負っているわけです。日本人にとって、なかなか"I"一辺倒の文から逃れるのは容易ではないのは事実として認めざるを得ません。

　しかし、そうは言っても、英語の話者から見た場合、一人称ばかりで書かれている文章は「稚拙」で、しかも「独善的」「ひとりよがり」な感じを与えてしまいますので、この点はくれぐれも心しておきましょう。

注)　英語と日本語の言語類型上の違いに関して、Li & Thompsonの論文(1976)によると、英語は「主語＋述語」型に分類され、日本語は「トピック＋コメント」型の言語であるとされています。

3

「直線の論理」VS「渦巻きの論理」

⇦⇨ 何が言いたいの？

　日本人が書いた英文に対するもう1つの典型的なコメントは、いったい何について書かれているのか、なかなかわからないという批判です。

　次の文章は、"Do you think TV commercials should be banned?"（あなたはテレビコマーシャルは廃止されるべきだと考えますか）というトピックのもとに意見を述べることが求められ、それに対して、ある日本人学生が書いたものです。

　この学生の意見は、はたして「テレビコマーシャルは廃止されるべき」と考えているのでしょうか、それとも「あったほうがよい」と考えているのでしょうか。ちょっと長いし悪文ですが、お付き合いください。

　　I like TV commercials. Often commercials are more interesting than the program. Recently commercials have become better and better. When I was a child, a lot of TV commercials consisted of

賛成？
↓

one or two scenes which didn't move. But most of the commercials of today are devised with beautiful nature or special tricks. So we can't guess what kind of commercial this is from only the first part of it. At last, the name of the department store appears. So we can't understand the commercial until we watch the last part. It is very interesting.

　　Sometimes TV commercials are convenient. They give us a lot of information and they have a great influence. But as for this point we can get information from other media, so TV commercials are not indispensable.

But I want commercials as break time. When we continue watching television, our eyes get tired very much. Especially for children, commercial time is important to let their eyes rest. Also for adults, commercial time is convenient. We can do some work such as washing our teeth, dishes, or face, or going to the bathroom.

On the other hand, sometimes commercials break the atmosphere of the program and our affection. Especially during movies commercials are disturbances.

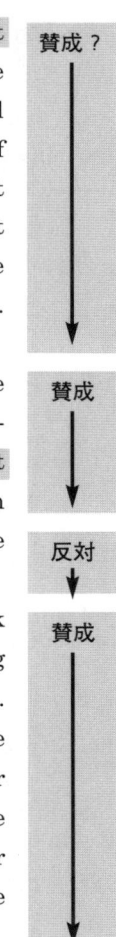

賛成？
↓

賛成
↓

反対
↓

賛成
↓

反対
↓

So commercials need not be abandoned as long as they do not hurt the feelings of the audience and they should consider when and how long the commercials should be broadcast for each program.

条件付
賛成
↓

この学生のトピックに対する論点を追ってみましょう。

- コマーシャルは好きだ。
  →コマーシャルを廃止せよとも存続もよしとも言っていない。どちらかというと、コマーシャルに対して**好意的**

- 最近のコマーシャルは変わってきておもしろいものが作られるようになっている。
  →どちらかというと、コマーシャル存続に**賛成**

- コマーシャルは時として便利である。情報を与えてくれるから。
  →コマーシャル存続に**賛成**

- しかし、他のメディアからも情報は得られるから、コマーシャルがなくてはならないというものではない。
  →コマーシャル存続に**反対**

- コマーシャル・ブレイクは歓迎する。
  →コマーシャル存続に**賛成**

- 一方、コマーシャルは番組の雰囲気を壊す。
  →コマーシャル存続に**反対**

●だから、見ている人の気持ちを阻害しないで、コマーシャルの時間が決められているならば、コマーシャルは廃止される必要はない。

→結論？

　このような文章を読まされる人は、いらいらしてしまいます。というのは、読み手は、この作文のトピックからすると、「コマーシャルを廃止すべき」または「コマーシャルは存続されるべき」のどちらかの意見が書かれていると思って読み始めます。ところが、この書き手は、そのトピックには直接ふれずに、コマーシャルの芸術性を語ったりしています。

　結局、この書き手の主張は、文章の最後部にきて、「条件付きでコマーシャル存続もいいのでは」と主張していることがわかります。その間は、書き手自身の、この問題に対して揺れ動く判断がそのまま書かれています。

　また、順接の接続詞(so)と逆接の接続詞(but)が交互に出てきています。これでは、論点があっちに行ったりこっちに来たりで、論旨を追っている読み手の頭の中が混乱してしまいます。このような書き方は、大変日本人的な特徴がある書き方だと言えます。

⬅➡ 「直線の論理」と「渦巻きの論理」

　事実、今から30年以上も前、アメリカの大学で、多くの留学生にライティングを教えていた言語学者のロバート・カプラン（Robert B. Kaplan）は、留学生の書く作文の論旨の展開の仕方が、母語グループによって特徴があることに気づきました。

　たとえば、フランス語、スペイン語やイタリア語などのロマンス語系の言語を母語とする学生たちが書くものは、話があちこちに飛び、論旨が逸脱しているという印象を抱かせるものが多い。

　一方、日本人・韓国人などのアジア系の学生の書くものは、途中まで読んでもいったい何が言いたいのかわからないようなものが多く、文章の最後になってからようやく筆者の言いたいことがおぼろげながらわかったりする。

　また、アラビア語などのセム語族を母語とする学生たちの書くものは、あることを述べた後、すぐ対立点を対照させるがごとく持ってくるということの繰り返しで構成されているようだ、というような点です。

　こうした特徴を、カプランは、留学生の英作文の中から拾い出して普遍化し、右の図のようなダイアグラムに表しました。

　右の図は、英語は「直線の論理」で貫かれている文体的特徴を持っていて、日本語は外から回りまわっていって、やっと核心に届く「渦巻き型」特徴、ロマンス語系に属するスペイン語などは論旨からしばしば逸脱する特徴を持っているということを示しています。

　確かに私自身、アメリカの大学で留学生たちにライテ

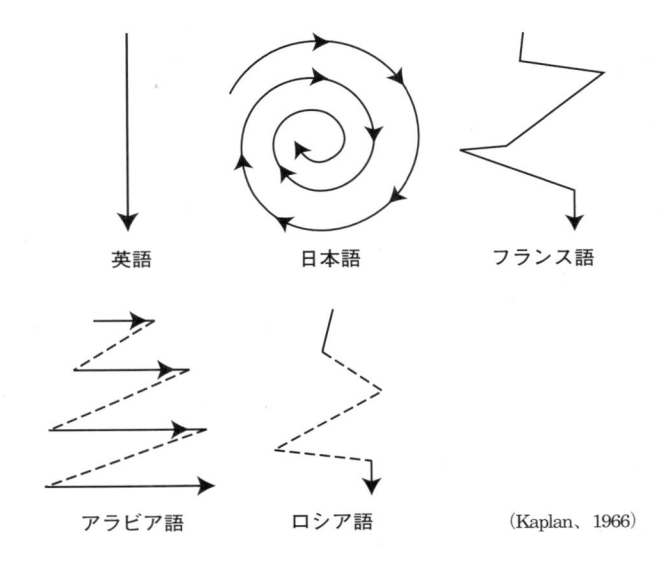

英語　　　　　日本語　　　　　フランス語

アラビア語　　ロシア語　　　　　　(Kaplan、1966)

ィングを教えていたとき、彼らの文章を見て、「ああ、この文章は話題があちこち飛んでいるから、書き手はスペイン語が母語の人だろう」とか、「この作文は控えめな調子で書かれているから、書いたのは韓国人か日本人かな」などと、おおよその見当をつけることができました。それは、文法の間違いなどのミクロな部分での「違い」ではなく、もっとマクロな文章全体の構成法、あるいはトーン、文章の流れというものが、母語によって特徴づけられていることが経験的にわかってきていたからです。

⇦⇨ 英語は、まず主張を述べる

　前ページのダイアグラムからも見て取れるように、英語はまず一番言いたいこと（general statement）を冒頭でずばり提示し、それに後から理由付けや具体例（specific support/examples）で補足をしていく、という論理の展開の仕方を取ることが多いのです。また、自分の主張は最後まで変えずに、論理展開が一直線に進んでいくのが典型的です。このパターンを「一般から特定へ（"General-to-Specific Pattern"）」と呼びます。

　それに対して日本語の場合は、周辺から個々の状況的要件（specifics）を少しずつ取り出して、その過程で読み手をできるだけ情緒的に巻き込み、徐々に書き手の言いたい核心部分（general）に持っていこうとする話の展開を取ることが多いと言えます。この論旨展開のパターンを「特定から一般へ（"Specific-to-General Pattern"）」と呼びます。

　こうした話の持っていき方は、書き言葉だけではありません。会話においても「言いたいポイントが先」か、「個々の理由が先」か、という話の運び方に違いがあるので、往々にして混乱を招くのです。

　たとえば、こんなことがありました。

　アメリカ滞在中のある日、知り合いの日本人の奥さんの家に遊びに行ったときのことです。そのときちょうどその奥さんは彼女のアメリカ人の友人に電話をかけていました。彼女は次のように英語で話し始めました。

"I am sorry, but today the boiler of our house is broken. And my son has a fever. My husband says he is very busy at his laboratory today." (申し訳ありませんが、今日うちのボイラーがこわれていまして、息子も熱があるんです。主人は今日は実験室でとても忙しいと言っています。)

ここまで聞いて、何の話をしているのだろうと思いました。すると彼女は、"So, ... I am sorry, ... but I cannot come to your party today." (だから、[沈黙] 申し訳ないのですが [沈黙] 今日のお宅での集まりに出られないのです。) と相手の反応をうかがうかのようにポーズを入れながら話を続けたのです。

この言い方は、表面的には英語になっているものの、まさに日本的な話し方だと思いました。まず、自分がパーティーに行けなくなるに至った理由を、周辺から挙げていき、聞いている相手の同情と理解を誘った上で、「ねえ、今日の私の状況、悲惨でしょう。だからパーティー出席なんてとても無理だということおわかりいただけますでしょう」と持っていく。まさにカプランのいう「渦巻き型」の話の構成の典型的な例です。

この電話を受けた当のアメリカ人は「いったいなんの話だろう？」と、最初はいぶかしく思ったに違いありません。そして、電話の最後になってから、パーティー欠席の連絡であることに、ようやく気がついたことでしょう。英語ならば、ここは、

Hi, Mary! I'm calling to tell you that I won't be able to come to your party today. You see, our boiler has just broken down . . . .

というように、まずは、冒頭でパーティーの欠席を伝え、それからその理由をいくつか並べていくという論理パターンを取るべきでしょう。

このような日本語と英語の話の進め方の違いを、片岡義男氏は次のように指摘しています。

「英語で意見を述べるとき、(中略) まず核心をひとつかみにして、そこから喋っていかなくてはいけない。それが充分になされたあとで、細かな説明を加えていく。核心を明確に提示する抽象表現に先導されることによって、個々の具体的な説明が補足として機能していく。この完全な逆が日本語だ、と言っていい場合がたいへん多い…。具体表現によって個々のこまごましたことを脈絡なしに説明していき、やがて核心に到達するかもしれない、しないかもしれない、というような言葉の使い方だ。(中略) 難しいこと、複雑なこと、抽象的なことなどすべて具体的な表現にゆだね、具体的に存在するものに則してすべてを語ろうとすると、それゆえにつきまとう表現の幼稚さを、逃れることができにくくなる」(片岡、1999)

⬅➡ 日本人的論理展開に対する批判

このような日本人的論理展開で、そのまま英文を書いてしまうと、直線的な論理展開に慣れている英語のネイティブ・スピーカーからは、次のような批判を受けてしまうことにもなりかねません。

「日本人が書く英語の文章の構成には文化的に動機付けられた書き方がよく現れている。彼らのエッセーは構成がめちゃくちゃで非論理的であり、脈絡のない内容が詰まっており、論理性なく論旨が展開されていて、述べられている言説には支持がない。しばしば、説明や支持に代わり、書き手の性格が内容を支配している」

(Harder & Harder、1982、大井訳)

カプランによって「渦巻き型」であると指摘され、ハーダー夫妻には「構成がめちゃくちゃで非論理的である」とまで言われてしまう日本的な論旨の展開の仕方では、書かれた英文の個々のセンテンスが文法的に適切でも、その集合体である文章全体としては、英語の感覚に合わない、ということなのです。

それでは、「英語モード」による英文の書き方のためには、どのような心構えが必要なのか、そして英語の文章構成をする際は、どのようなことに注意したらよいのか、また、片岡氏の指摘する「表現の幼稚さ」とは、具体的にどういう点がそういう印象を与えてしまうのか、それらについて、これから詳しく説明していきます。

第3章

「英語モード」で英文を書く8つの秘訣

秘訣 1
主語を"I"以外のものにする

　それでは、書かれた文章が稚拙な印象を与えてしまうのを避けるために、日本人が書きがちな"I"で始まる文の羅列をできるだけなくして、少しでも客観的な香りがする文章にするには、なにをすればよいのか、その方策を考えてみましょう。まず最初に、必然的に自分のことばかり言わなければならない、典型的な自己紹介の文章を、「日本語モード」で考えてみましょう。

[日本語モード]

　I was born in Nagano, but now I live in Tokyo. I have two brothers. I like listening to music and reading books. I like Sidney Sheldon and Danielle Steel. I am a student at X University. I sometimes work at a hamburger shop.

　これでは、"I"で始まる文のオン・パレードです。同じ内容の自己紹介も、日本語では主語は省いて言うことが多いのでそれほど気にはなりませんが、英語の場合、このようにすべての文が"I"で始まってしまうと、この"I"の繰り返しが非常に気に障ります。そこで、同じ内容を「英語モード」で書いてみましょう。

[英語モード]

I live in Tokyo now, but my hometown is Nagano. In our family, there are my parents, two younger brothers and myself. My hobbies include listening to classical music and reading books. Sidney Sheldon and Danielle Steel are my favorite authors. I am a student at X University.

このように、自分のことを語る場合でも、

I have two brothers.
　　　　→ In our family, there are ....
I like .... → My hobbies include ....
I like .... → ... are my favorite authors.

というように置き換えれば、"I"以外で始まる文章を作ることができます。

では、いろいろな文で主語の"I"をほかのものに変えて表現する練習をしてみましょう。答えは1つだけではなく、いろいろな文が可能です。

(1) I like soccer best.
(2) I am studying economics in college.
(3) I cannot eat all this food.
(4) I travel one and a half hours to my office everyday.
(5) I cannot do such a difficult task.

次のページの解答例のように、バラエティに富んだ表現が、英語では可能です。忘れてはならないことは、日

本語で主語はしばしば省略されますが、英語では主語はなくてはならないものだということです。だからといって、"I"ばかりを使っていてはお粗末です。いつも"I"、"I"と繰り返すのではなく、いろいろな表現を試みることが大切です。

解答例：

（1）・Of all the sports, soccer is my favorite.

（2）・My college major is economics.
　　　・Economics is my major at college.

（3）・It is impossible for me to eat all this food.
　　　・Such a large amount of food is impossible for me to eat.
　　　・This quantity of food is too much for me to eat.

（4）・It takes me one and a half hours to travel to my office everyday.
　　　・Traveling to my office everyday takes me one and a half hours.
　　　・The journey from my home to my office is one and a half hours long.

（5）・It is impossible for me to do such a difficult task.
　　　・Such a difficult task is beyond my capability.
　　　・The difficulty of such a task makes it impossible for me to do.
　　　・Because of the level of the difficulty of this task, it is impossible for me do to it.

　　＊この練習問題はBarnard (1991)を参照しました。

なぜ、TOEFLで
ライティング・テストが必須になったの？

　ご存じのように、皆さんがアメリカの大学や大学院を目指す場合に受験しなければならないTOEFLでは、コンピュータ化されたテスト (computer-based TOEFL) の導入に伴い、それまではオプションだったライティングのテストが2000年度から必須となりました。

　なぜ、TOEFLでライティングの力を試すことになったかというと、アメリカなどの英語圏の大学に入学すれば、日常的にかなりのレベルの英文を書かざるを得ないからです。

　これまでの日本のTOEFLの受験生は、読解や文法でかなりの点をあげて入学が許可されても、大学のテストやレポートで満足のいくものが書けず、苦戦するということが往々にしてありました。また、大学側にしても、入学後ちゃんと授業や課題をこなせるだけの能力があるということをTOEFLの成績によって判断したいという思いがあったでしょう。

　TOEFLのライティング・テストで試されているのは、書き手がどのような「発想」で自分の「考え」をいかに「論理的」に提示できるかという能力です。もちろん、文法的正確さも問われますが、それに加えて書き手が自主的にものを考え、それを相手によく伝わるよう表現できるかという能力が試されているのです。つまり、「英語モード」で、客観的に論理的に英文を書くことが期待されるというわけです。

秘訣 2

「思う＝I think」はなるべく使わない

　日本語では、自分の考えを文章にするとき、どうしても「～と思う(思います)」という表現で文を締めくくることが多くなります。そして、それをそのまま英文にしてしまい、"I think"という表現を多用することがよくあります。こうなると、主観的な感じが出てきてしまいます。

　その最たるものが「～したいと思います」という場合の、"I think I want to . . ."という例です。これでは「したい」という気持ちがかえって弱まってしまいますし、そもそも"want"だけで十分なのに、"I think"を重ねるのは、「自分の気持ちもわからないのか」というそしりを受けかねません。

　また、日本語では、自分の意見を言う際に、「～と考える」、「～と思う」という表現は多用しても、何かの意見表明の文章では、それがちっとも気障りでなく、自然に感じられます。

　ところが、英語の場合はそうはいきません。次の例文を見てください。これは、ある日本人学生が書いたものです。

[日本人学生が書いたもの]

Now in Japan, people discuss whether capital punishment should be abolished or not. **I think** it must be abolished.

Of course, **I think** murderers must undergo heavy punishments. But **I think** if an execution makes criminals die, it will rob criminals of a chance to repent for what they did and to be rehabilitated. **I think** the people involved in law must not dispose of criminals with an execution but teach them the importance of life and rehabilitate them.

I think judges must make murderers stay in prison for a long time. When they stay in prison, they have no freedom. **I think** it is enough for them to be robbed of freedom. But **I think** they must be given freedom to think about life. So prison guards must not only deal with them strictly but also make them learn to think about the importance of each person's life. **I think** a law must have not only strictness but also kindness.

（今日本では死刑が廃止されるべきか否かについて議論されている。私は死刑は廃止されるべきだと考える。もちろん、殺人犯は重刑に処せられるべきだと思う。しかし、もし死刑執行で犯人が死んでしまったら、犯人が自分の犯した罪を悔い、更生する機会を奪うことになると思う。法に携わる人々は罪人を死刑で片付けてしまうのではなく、生命の重要性を教え、彼らを更生させるべきであろうと思う。裁判官は殺人犯が刑務所に長く留まるようにすべきだと考える。刑務所にいる限りは、彼らに自由はない。私は彼らが自由を奪われるだけで十分だと思う。しかし、彼らが生命について考える自由は与えられるべきであると思う。だから、看守は罪人に対し厳しくあたるだけでなく、個々の人間の命の尊さについて考えるように導かねばならない。法というものは厳しさだけではなく、優しさも併せ持つべきだと思う。）

どうでしょうか。"I think"が何回も出てきて、すごくうるさく感じられるのではないでしょうか。

　英語では、自分の意見を書いているのだから、全編これ皆書き手の考え、ということが前提なのです。ですから、わざわざ"I think"と言うまでもないことなのです。かえって"I think"と付けると、自信がないように聞こえてしまいます。

"I think" は自信のなさの表れ

　どうして"I think"が自信のなさにつながってしまうのでしょうか。

　次の例を見てみましょう。あなたが電車の中で外国人から次のように尋ねられたとします。

　"What's the next station after Shibuya?"（渋谷の次の駅はどこですか。）

　その答えが "I think it is Ebisu."（恵比寿だと思いま

す。)と"It's Ebisu."(恵比寿です。)とでは、どちらのほうが聞いた人は安心するでしょう。日本人にしてみれば、"I think"を付けることで丁寧に表現しているつもりでしょう。ところが、英語では、その意図は伝わらず、本人もはっきりとわからない不確かな情報を与えているように受け取られて、かえって不親切に聞こえてしまいます。

また、「よいと思います」の場合でも、"I think it is all right."としてしまっては、「よい」という判断にいくばくかのかげりが出てしまいます。

英語モード ON! 特に避けたい"I think"の後置き

それに、日本では「〜だと思う」というように、文の終わりについついこのフレーズを付けてしまうので、英語にしたときも、"It is XX, I think."というように"I think"が後置きされた文を書きがちですが、これは特に注意しなければなりません。

"You are right, I think."とか"You are beautiful, I think."などと、I thinkが後置きされますと、余計にトーンが弱くなります。本心はそう思っていないのではないか、と聞き手に思われてしまいかねませんので、その人が美しいのであれば、堂々と"You are beautiful."と表現しましょう。

秘訣 3
あいまいな表現は排除する

英語モード ON! 日本人はあいまい表現を使いすぎる

長い間日本に住んでいたアメリカ人ジャーナリスト、クリストファー氏は、日本人は、はっきりしたものの言い方を嫌い、あいまいな表現を好むとして、次のように述べています。

「日本人は、明晰で注意深く理論付けされた事柄を述べるのを嫌い、考えを伝えるために構築されたというより、他人の情緒や態度を探ることを目的とする間接的であいまいな表現を好む（Japanese religiously shun explicit, carefully-reasoned statements in favor of indirect and ambiguous ones basically designed not to communicate ideas but to feel out the other person's mood and attitude.）(Christopher, 1987)」

このクリストファー氏のコメントをまとめると、次のようになります。

英語	←——————→	日本語
明晰な物言い (explicit statement)	←——→	間接的表現 (indirect statement)
注意深く練られた 論理的陳述 (carefully reasoned statement)	←——→	あいまいな陳述 (ambiguous statement)
意思の伝達 のため (に話す) (to communicate)	←——→	相手の情緒や態度を 探るため (に話す) (to feel out the other person's mood and attitude)

　こうしてみると、日本語と英語では、その性格がまるで両極端のように思われてきますね。

英語モード ON!　「ケース・バイ・ケース」は通じない

　このことを、具体例を挙げながら、さらに考えてみましょう。

　確かに日本人は、はっきりとした表現より、あいまいな表現を多用しがちです。たとえば、何かを決定しなければならないとき、日本人がよく使う表現に、「それは、ケース・バイ・ケースね (It's case by case.)」というものがあります。この表現は、英語的感覚で受け取ると、きわめて歯がゆく、「どういう場合にどうなのだ？」と聞き返したくなります。

　また、すでにご紹介した、日本人が何にでもくっつけがちな "I think" も、あいまいさを助長していると言えます。"I think I want to go to France." という文は、「行きたいと思います」をそのまま逐語訳しているのでしょうが、英語のネイティブには不自然に響きます。

「いいと思います」も "I think it's all right." とすると、英語的感覚からは "It's all right." と明確に言い切れないところに何か理由があるのではないかと、相手に不審を抱かせてしまうことになりかねません。

　日本語では、そのものずばりと表現するのを避けて、たとえばお店に行って買うつもりの和菓子は5つと決めているのに、「これを5つほどください」と言ったりします。ある会合に出席した人が明らかに7人だとしても、「7人ほどの人が集まった」と言い、これを "About seven people were there." と表現すると、英語では確実に7人だとはわからなかったことになってしまいます。

　ほかにも、英訳が困難なものとして、「いろいろ」という表現があります。日本語だと、なにもかも包み込んで表現するのに便利な言葉ですが、それをいつでも英語でvariousとすれば事足りるわけではありません。

このような直接的な表現を避けて、遠回しに表現しようとする日本人のレトリック（言い回し）の特徴を、ジブニィは、次のようにこっけいに描写しています。

　「『このようにはできないと言っているわけではありません』と１人の日本人が言う。『もちろんですとも、そのようにできないと言うことはできないということを否定するものではありません』と相手が答える。『しかし、それはできないと言うことができないならば、それをしないではすまされないということを認めないことは不可能だということになります』と彼は付け加える（"It isn't that we can't do it this way," one Japanese will say. "Of course," replies his companion, "we couldn't deny that it would be impossible to say that it couldn't be done." "But unless we can say that it can't be done," his friend adds, "it would be impossible not to admit that we couldn't avoid doing it.")」(Giveny, 1975)

　これはいささか誇張が過ぎているとは思いますが、日本人の間接的な言い方にいらいらし、からかいたくなるアメリカ人の気持ちがわかるような気がします。日本語で話すときは、場面に応じて日本的・間接的な表現を使うことが求められるのでしょうが、英語ではもっと直接的な表現を使うように心がけなければならない、と言えそうです（これもきわめて間接的な表現ですね！）。

英語モード ON! 「はっきり言わないとわからない」英語社会

　日本は、和を尊ぶ文化・社会であり、コミュニケーションにおいても、はっきりした物言いをするより、相手との協調を図りながら、ことを穏便に進めていくほうが重要だと考えられています。同質性の高い日本社会では、一人ひとりの考え方の違いを明らかにする必要がさほどないのかもしれません。ですから、はっきり言わなくてもわかってもらえるというある種の「甘え」もあるでしょう。確かに、日本の社会ではそれでいいのでしょう。

　けれども、目を国外に転じて、たとえばアメリカ社会のように、国内に文化的背景の異なる種々雑多な民族を抱え、さらに、アリストテレス以来、言論を重んずるという伝統から、明言された言葉しか信用できないと考える社会もあります。極端に言うと、言葉で表されないものは存在しないと考えるのが英語文化なのかもしれません。

　国際化が進む今日、コミュニケーションの相手はいろいろな考えを持った人々です。自分の考えを正しく相手に伝えるためには、「ねえ、私の言いたいことわかってくれるでしょ」という共感を前提にすることを排除して、誰にでも納得できるような明快な物言いをする必要があります。

　たとえば、同質性の高い日本と対極をなすさまざまな異質の文化を抱えたアメリカには、次のような格言があります。

Tell them what you are going to tell them. Tell them. And tell them what you have told them.

(これからあなたが話そうとすることが何であるか述べなさい。そして、その話をしなさい。そして話し終えたことが何であったかまた言いなさい。)

ここには、日本の「腹芸」「以心伝心」とは対極にある考え方が見て取れます。あくまでも言葉を尽くして伝えようとしなくてはいけないのです。

「書く能力」を身につけるには、やっぱり努力と訓練が必要

アメリカの作文指導者グレイブとカプラン (Grabe & Kaplan, 1996) は、スピーキングやリーディングなどの他の言語技能と比べて、ライティング (作文) を学ぶことの特殊性について、次のように述べています。

「書く力は自然には習得されないものである。それは、(生物学的というより) 文化的に、学校あるいは他の補助的環境の中で、ある世代から次の世代に受け継がれなくてはならないものである」(大井訳)

Writing abilities are not naturally acquired; they must be culturally (rather than biologically) transmitted in every generation, whether in schools or in other assisting environment.

つまり、「書く技術」というのは、他の言語技能とは異なり、放っておいて身につくものではなく、意識的な努力と訓練によってのみ身につくものであるということです。

人間は自然と言語を話すようになるものですが、「書く能力」を身につけるためには一定の技術 (スキル) を意識的に学ばなければならないのです。

秘訣 4

「能動態」で力強い文章を書く

英語モード ON! be動詞を使いすぎない

ある学生Xさんの生活を描いた、次の2つの文章を見てみましょう。

[A— 日本語モード]

I **am** a student at XX University. Yesterday I **was** sick. So I **was** absent from class. I guess I **was** lack of sleep.

(僕はXX大学の学生です。昨日僕は病気でした。ですから学校を休みました。睡眠不足だったと思います。)

[B— 英語モード]

I **go** to XX University. I **had** to **stay** home yesterday because I **did** not **feel** well. I **guess** that's because I **did** not **sleep** well for the past couple of days.

どんな違いに気づかれたでしょうか。

[A]の文章では、be動詞が多用されているのに対して、[B]の文章には、それ以外のいろいろな動詞が使われて

います。内容面では同じなのに、それぞれの文章から伝わってくる「感じ」のようなものは違いますね。[A]と[B]の例文を読んで、[B]のほうに力強さ、躍動感、それに論理性をも感じることができるようであれば、あなたも「英語モード」になってきた証拠です。

情景描写を好む日本語 VS アクション描写を好む英語

日本語は「情景描写」を好むのに対し、英語は「行動（アクション）描写」を好みます。日本語の情景描写をそのまま英語にしようとすると、「〜だ」「〜です」を表すのに、be動詞を多く使ってしまいますが、英文を書くときには、それを意識的に行動中心の描写に切り替えなくてはなりません。

次の文は、be動詞を使ってしまうことが多い、一番典型的な例です。

私には子供が2人います。

There **are** two children in my family.
　→「いる」という「情景」

I have two children.
　→「所有している」という「アクション」

それでは、いくつかの例から「情景」と「アクション」に基づく表現を対比してみましょう。

「遠くに大きな船が見える」という状況を想像してみてください。

There **is** a big ship in the distance.（より日本語的）

I can <u>see</u> a big ship in the distance.（より英語的）

次に、「夜中に大きな物音がした」という文はどうでしょう。

There **was** a big sound at midnight.（より日本語的）

I <u>heard</u> a big sound at midnight.（より英語的）

やはりここでも「be動詞」対「アクション動詞」という図式が見られます。

英語モード ON! 日本人は受身形が好き

このように、日本人が表現する英文の特徴の1つに、be動詞をとてもよく使うということがあります。日本人がbe動詞を多用するのは、日本語に受身形がよく使われるということにも関係しています。

次の文を見てください。

おじさんからたくさんお年玉をもらった。

I **was given** a lot of *otoshidama* by my uncle.
(より日本語的)

My uncle <u>gave</u> me a lot of *otoshidama*.
(より英語的)

昨日地下鉄の駅で外国人に話しかけられた。
I was spoken to by a foreigner at a subway station yesterday. (より日本語的)
A foreigner <u>spoke to me</u> at a subway station yesterday. (より英語的)

先生に授業の後、研究室に来るように言われた。
I was told by my teacher to come to his office after class. (より日本語的)
My teacher <u>told me</u> to come to his office after class. (より英語的)

このように日本人は受身の表現を好みがちですが、日本語の受身形をそのまま英語に直すと、英語としては不自然な感じがします。より英語らしい文章というのは、同じ状況を表すにも能動態の形をとっています。

「電話を切られてしまった」は、英語にならない？

　この日本人の「受身形好み」は、発展して「被害の受身」という、どうにも英語にならない文型を生み出しています。

　たとえば「彼は奥さんに死なれた」という被害の感覚を含む言い方は、英語では受身形にできないので、単に事実のみを表し、"His wife died."となります。これではなんとも「死なれた」という日本文にある悲哀は伝わってきません。日本語の「死なれてしまった」という気持ちを表すのは難しいものですが、もう少しその気持ちを出そうとするときには、"He lost his wife."となります。これも「アクション描写」であることに注目してください。

　同様に「財布を盗まれた」も、"Someone stole my wallet."、"I had my wallet stolen."となります。「彼は彼女に出て行かれてしまった」も、英語では受身にできないので、"His girlfriend walked out on him."となり、「電話を切られてしまった」も英語では受身にはしにくく、"She hung up on him."でしょう。

　これらの例は、日本語では、なんだか未練がましく、被害意識が込められていますが、英語では能動態のアクション動詞で簡潔に表しますので、日本文の持つ湿った部分が伝わっていないという感じは残ります。

英語モード ON！ 英語でも、こんなときには受動態

このように、英語では能動態が好まれるのですが、だからといって、すべての場合において、受動態より能動態のほうが好まれているわけではありません。以下のような、取り立てて主語を明示する必要がない場合には、受動態のほうが自然です。

A storm warning **was broadcast** on TV.
（テレビで暴風警報が放送された。）

Mr. Smith **was appointed** as the dean at the faculty meeting.
（スミス氏が教授会で学部長に任命された。）

At the party, cheese and wine **were served**.
（パーティーではチーズとワインがふるまわれた。）

また、科学・技術論文では、X **was measured**、Y can **be attributed** to、Z **was examined** というように、特定の種類の動詞が高い頻度で受動態として使用されます。これは、科学論文では主観を排し、できるだけ客観的に書かねばならないことから、意識的に行為者をはずして記述するほうがその要求に合うからです。

このような例外はあるものの、一般的には「英語モード」で自然な英文を書くためには、状況描写のbe動詞から脱却して、さまざまなアクション動詞を使うようにする必要があります。

秘訣 5

時制の一致を心がける

英語モード ON! 動詞の現在形と過去形の混在は、英語ではダメ

次の文章を読んでみてください。

[日本語モード]

When we are first born and we **began** to recognize things which we **had** no knowledge of, it seems very beautiful, but as we grow older we **began** to know the differences; then problems begin to arise. (Shaughnessy, 1987)

この文章を日本語に訳してみますと、「われわれは生まれて、だんだん知らなかったことがわかり始めると、それをとてもすばらしいと思う。しかし、年をとるにつれ、違いがわかってしまい、そうなると、問題が生じ始める」となり、ごく自然な日本語の文章のように思われます。

実は、この英文は時制がめちゃくちゃな誤文の一例として、ある本に紹介されているものです。英語では、こ

の文章中のbeganとhadを、過去形ではなく、現在形で統一しなければならないのです。

日本語では、あまり時制のことを厳密に考えませんが、英語は時制の統一を厳しく求めるのです。

ここでもう1つ、学生が書いた文章を見てみましょう。

[日本語モード]

　　Yesterday, after I played with my friends, I was on my way home. I took the road on my bike. The road **is** narrow. There **is** a hedge by the left side. There **are** no houses around there. There **are** some tall trees. It was peaceful. But suddenly I heard a big horn. The cruel car **run** away just my right side. It was so high speed. I felt very angry and sad, but there **is** no man. I couldn't help it. I **make** the bike up, and **start** moving.

この文章を書いた学生は、これは過去のことだから過去形で書かなければならないということが知識としてはわかっていたはずです。さらに、be動詞の過去形はwas、wereであり、run、makeの過去形はそれぞれran、madeであるという知識もあったはずです。にもかかわらず、このように文章の途中で過去形から現在形へ、その後また過去形へ、そして現在形へと時制が揺れ動いています。

この文章を日本語にすれば、この時制の揺れは、さほど不自然なものではありません。「昨日、友だちと遊んだ後、家に帰る道すがらのことであった。私は自転車に乗っていた。その道は狭く、左側には生け垣がある。周

りに家はない。高い木々があり、平穏であった。すると、突然、大きなクラクションの音がした…。」こんなふうに、日本語では私たちはあまり時制に注意を払わなくてもすんでいます。

大津栄一郎氏が、「(日本語の)文章表現では、われわれは自己の時間の中をくぐりぬけて自由に動くのである。そしてそれは、われわれの文章は動詞が最後にくるので、1つ1つの文章が完結するからなのである。1つ1つの文章が完結するので読者に理解してもらえると判断できる限り、過去の表現でも、現在の表現でもかまわない。日本語は時間的統制を受けなくても、文脈によって意味の伝達の可能な言語だといえよう」と書いています。(1993)

ところが、英語ではそうはいきません。過去のことは過去形で統一することが当たり前であると思っている英語のネイティブ・スピーカーが、このように時制が混在している文章を読むと、とても読みづらい悪文と判断するのが普通です。

動詞の部分には、下線を引いてみよう

この問題を克服するためには、「英文を書くときには時制に注意をしよう」という心がけが必要になってきます。最初は、でき上がった自分の文章の動詞の部分に下線を引くなりして、意図的に注意を向けてみましょう。すると、前の例のように、過去のことを回想して書いているのに、過去形と現在形が混在して時制がバラバラなことに気づくことでしょう。そこで「過去のことは過去形で統一」という鉄則を意識しながら訂正していくと、より英文として自然な文章に仕上げることができますし、このような間違いが徐々に減っていくでしょう。

英語の時制の一致は難解、けれど基本中の基本

もう1つ、英語で厄介なのは、主節の動詞の時制に付属する節の動詞も一致させなくてはならないという点です。ことに、間接話法の場合は、あまりにも日本語と勝手が違うので、「英語の場合は主節の時制がすべてを支配する」ということを呪文のように唱えて、時制を選ぶ必要があります。

（1）日本語：彼は愛していると私に言った。
　　　英　語：He **told** me that he **loved** me.
　　　　　　　（または、 He said to me, "I love you."）

このような間接話法の場合は、時制のみならず、I を he に、you を me に変えるということまでしなくてはならないので、日本人にとって厄介です。

（2）日本語：彼は本当のことを言っ**ている**と思った。
　　　英語：**I thought** that he **was telling** me the truth.

　この場合は、単純な時制の一致ですが、もし「思った」時点よりも「本当のことを言った」ことのほうが、時間的に先だとすると、I thought に続く名詞節は、次のようになります。

　I thought that he **had been telling** me the truth.

　このように、英語では「時制の一致」という法則が、かなり厳密に働いて、文を組み立てるときに、それにのっとってさまざまな操作が必要になります。こういう面では、日本語と比べて、英語はかなり法則的だと言えます。

アメリカの大学の試験では、ライティング力が不可欠

下記は、アメリカのある大学の学部1・2年生用の試験問題の日本語訳ですが、かなり難しいテーマが、試験問題の一部になっています。

・「イスラム教学」の試験問題：
『Hadith（ムハンマドの語録や行動集）』のイスラム世界における3つの位置付けを述べよ。そしてそれに関連して、ムハンマドの位置付けがイスラム世界においてどのように変化してくるかを書きなさい。

・「歴史」の試験問題：
戦争によって国家がその目的を達成できたことは中世・近代ヨーロッパにおいて存在したか？　3つの戦争を例に取り論じなさい。

学生は、これを決められた時間内に、長さとしてはB5くらいの用紙に3～5枚にわたって書き上げなくてはならないのです。

このように、英語圏の大学では、試験、レポートなど直接成績に関わってくる課題で、ライティング力が要求されます。ライティング力がないと、アメリカでの留学生活はかなり厳しいものがあります。

秘訣 6
感想文的文章から客観的文章に変換する

　第2章で、日本人が書く英語の文章は、身辺雑記的文章で感想文的文章だと指摘しました。それでは、個人的な感情や観察に覆われた感想文的文章から、少しでも客観的なかおりがするような文章にするにはどのようにしたらよいでしょうか。

英語モード ON! 「読み手」を意識する

　まず「書く」際は、「読み手がいる」ということを考えなくてはいけません。心に浮かんだことをただ文にしたのでは、自分の思いをつづる日記文に過ぎません。日記文は、それはそれで価値があります。

　しかし、「作文」ということになったら「心の独白」ではなく、「読み手」を意識して書くという心構えが必要です。そうすると、自然に「主観」から「客観」へと意識が変わり始めます。「読み手」を意識することは客観的文章への第一歩です。

英語モード ON! 会話体を使わない

　第2章の日本人大学生が書いた「結婚」についての英文（37ページ）の中に、"Anyway"という表現がありました。もちろん、これは会話ではよく使われますが、ライティング（英作文）やレポートの場合は、こうした会話体を持ち込んではいけません。

　ほかにも、会話文やパーソナル・レター（personal letter）ならよくても、ライティングの文章としては、ふさわしくない表現があります。

- Anyway, ...「（文頭で）とにかく」
- By the way, ...「（文頭で）ところで」
- Well, ...「（文頭で）ええと」
- Let's ....「（文頭で）〜しましょう」
- got to（ライティングのときは、**have to**に）
- wanna（ライティングのときは、**want to**に）
- gonna（ライティングのときは、**going to**に）

　このような表現がちりばめられていると、客観的文章からは程遠いという印象を与えることになります。親しい仲間どうしの手紙やEメールなどは別として、これらはライティングでは、使わないようにしましょう。

知的な文章は「知識変形型」文章

あるアメリカの言語学者によると、ライティングをしようとしたとき、頭の中で英文を作っていく過程には、2種類のアプローチの仕方があるということです。注1)

まず、ただ単に頭の中にあるものを文章化する過程を「知識発表型 (knowledge-telling)」と言い、たとえば「遠足の思い出」というタイトルで、遠足の日のことを朝起きたときから家に帰るまで書き連ねていくような感想文スタイルのものがこれにあたります。

それに対して、単に情報を書き連ねるのではなく、それを頭の中でいろいろ操作し、変形させていく過程を含んだものを「知識変形型 (knowledge-transforming)」と呼んでいます。もちろん、客観的な文章というのは「知識変形型」によって生まれるものです。

では、「知識発表型」になくて「知識変形型」にあるものは何かというと、それは「問題設定の認識」とか「目標設定」などの知的な作業であると考えられています。つまり、与えられたテーマについて、文章の中でどのように問題を設定し、それをどう解決していくか、書こうとしている文章で達成しようとしていることは何なのか、というようなことに考えをめぐらすようにすれば、だんだん「知識変形型」文章が書けるようになるはずです。

英語モード ON! 「自問すること」が重要

「考えをめぐらす」というのは、「何を書こうか？」から始まり、「このことは事実なのか、意見なのか、それとも単に推察にすぎないのか？」と自問して言説の種類を確認したり、また「こう言える根拠は何なのか？」、「これは読み手を説得するに足るものか？」などという質問を自分に投げかけてみて、内容を反すうしながら文章を組み立てる準備（プランニング）をすることです。

この一連の作業は「批判的思考（critical thinking）」と呼ぶこともできます。ライティングをする上で有益な「問いかけ」の具体的方略についてはこの後、第4章で詳しくご説明しますが、「自問」を繰り返すことで自分の書いているものがより論理的になり、内容も深まっていくのです。

英語モード ON! 「知識発表型」と「知識変形型」の文章の例

では、「知識発表型」、「知識変形型」について、それぞれの具体例を見てみましょう。注2)

[A] は10歳のアメリカ人の小学生が書いたもの、[B] は14歳のアメリカ人の中学生が書いたサンプルです。両者とも、「Should children be able to choose the subjects they study in school?（学校で学ぶ科目を子どもたちが自由に選ぶことができるようにすべきですか）」というテーマについて、書かれています。

[A] 10歳のアメリカ人の小学生が書いたもの

I think children should be able to choose what subjects they want in school. I don't think we should have to do language, and art is a bore a lot. I don't think we should do novel study every week. I really think 4s and 3s should be split up for gym. I think we should do a lot of math. I don't think we should do diary. I think we should do French.

(僕は学校で取る科目を自由に選べるようになるべきだと思う。言語の勉強をやる必要はないと思うし、美術もすごく退屈だ。毎週小説について勉強する必要はないと思う。4時間目と3時間目*は分けて、体育をすべきだと思う。算数はたくさんやったほうがいいと思う。日記をつける必要はないと思う。フランス語はやるべきだと思う。)(*「4年生と3年生」という意味で使っている可能性もある)

[B] 14歳のアメリカ人の中学生が書いたもの

I personally think that students should be able to choose which subjects they want to study in school. In grade 9 students are allowed to choose certain subjects which they want to, but even then the students aren't sure. Many don't know because they don't know what they want to be when they get older. If they choose the subjects they wanted most, students would of course pick easier subjects such as art, gym, music, etc. I think that this doing is partly the school's fault. If the school made math classes more interesting, students would more likely pick that . . . .

(私は個人的には、生徒たちが学校で勉強する科目を自分で選べるようにすべきだと思う。中学3年になると、生徒は自分の学びたい科目を選ぶことを許されている。しかし、それでも生徒たちは自分の選択に自信

知識発表型　　　知識変形型

があるわけではない。多くの生徒が自分の取りたい科目がよくわからないのは、自分が大きくなったら何になりたいかよくわかっていないからだ。もし、生徒が取りたい科目を選ぶことができるようになったなら、当然のごとく、美術や体育、そして音楽など楽な科目を選んでしまうであろう。これは、部分的には学校にも責任があることである。もし、数学がもっとおもしろく教えてもらえるなら、生徒ももっと数学を選ぶであろう…。)

いかがでしょう。思いついたことを、ただ書き連ねたような10歳の小学生が書いた［A］の文章は、自分の事情や好みばかりを思いつくまま述べていて、まさしく「知識発表型」そのものですね。このタイプのものは、自分の身近な事例を思いつくままに書き連ねた、第2章で紹介した日本人学生の「結婚」についての作文に通じるところがあります。それに、自分の事情ばかりを書いているので、"I"で始まる文が多いことも特徴的です。

それに比べて、14歳の中学生が書いた［B］の文章は、自分の事情というより、話をもっと大きな視野から考えて、「生徒の好き勝手にさせると、どういう問題が起こってくるか」という問題を提示しています。さらに、「生徒

たちに興味を持たせるためには、ただ選択制にするのではなく、学校側の努力も必要ではないのか」という、学校側への批判的な見地からもテーマに取り組んでいるのがわかります。話の進め方も、質問を投げかけながら (If . . . ,)、「問題解決」の姿勢をとっています。その結果、より「論理的・客観的」で成熟した文章になったと言えるでしょう。

　このように、「日本語モード」で書かれた感想文的文章は「知識発表型」に該当し、「英語モード」に適合したより客観的な文章を書くためには、「知識変形型」文章を目指す必要があるということがわかります。

注1・2) Bereiter & Scardamalia (1987)

「話すこと」と「書くこと」

「書くこと」、つまり作文は、「話すこと」をそのまま文字にすれば事足りるのでしょうか？

文章の中で、おそらく一番容易に書けるのは、自分の経験を時間の流れに沿って語ることで、これならことさらの訓練も必要なくできることでしょう。こうした作文は日本ではいわゆる「感想文」と広く言われるジャンルにあたり、「遠足の思い出」、「わたしの夏休み」といった自分の経験を語るものです。ここには、「話す」ということからさほどの転換・飛躍はありませんし、文章の技巧もあまり必要としません。

しかし、ほかのジャンルの場合はどうでしょうか。ものごとを説明したり、自分の意見や考えを述べたりする文章の場合は、ただ単に自分の知っていることを書き連ねるのではなく、書く内容の整理・論理構造の操作が事前に必要となるはずです。それは、ものごとを分析的にとらえたり、論理的に考えることができる能力に支えられています。こういう能力の習得は、もちろん小学生には無理なことでしょう。普通は、年齢が増すにつれて分析的・客観的思考力は身についていくものだと思います。

秘訣 7

「アーギュメント」を会得する

英語モード ON! 「アーギュメント」って何？

言葉に重きがおかれる英語社会にあるもので、その考えと対極にある日本の社会ではなじみのないものに、「アーギュメント (argument)」があります。

これは、本章秘訣3で紹介したクリストファー氏のコメントにある「注意深く練られた論理的陳述 (carefully-reasoned statement)」と同じようなものです。「アーギュメント」という言葉には、日本語では適訳がないのですが、「口論」とか「言い争い」という意味の"argument"ではなく、「根拠を持った主張」というくらいの意味です。

私たち日本人は、自分の主張をはっきりと言うのが苦手で、ましてその主張の根拠を述べるということは、ほとんど訓練されていません。たとえば、好きな食べ物はなんですかと聞かれたとき、日本人の多くは自分の好きな食べ物の名前は言うでしょうが、なぜその食べ物が好きなのか理由を添えて答える人はまれでしょう。

ところが、同じような質問を受けたアメリカ人は、自分の考えに、「なぜ好きなのか」という理由を添えて答

えることでしょう。彼らの会話に、becauseがよく出てくるのは、そのためです。

それは、アメリカ人は幼いときから、他人とは違う自分なりの意見を持つこと、そして自分の意見を言うときにはそのよって立つところ、つまり、根拠を述べることが大事だと教育され、それが習慣づけられているからです。

それに、多文化社会では、自分の意見が他人の意見と異なっていること、つまり時として意見の「対立」があることを予測する必要があります。そして、自分の意見を通すために異なる意見を持つ相手を説得するための雄弁術を身につけるように教育されてきています。第1章で紹介した、幼い子にも論理で説明しようとする母親のエピソードにもあるとおり、人を説得するには論理的に攻めねばならないという心構えが、アメリカ人にはあります。その中心になるのがこの「アーギュメント」の考え方です。

一方、日本社会には「アーギュメント」はなじまないという指摘もあります。それは、日米のコミュニケーションのスタイルの違いから来るものです。

英語社会では、コミュニケーションの目的の根底に、他人を説得するためのアーギュメントがあるという事情があります。それにコミュニケーションのスタイルがお互いの言葉がキャッチ・ボールのように行き交う「対話的」であるといえます。ときには、あえて相手の言っていることに反対意見を述べて、意見の対立によってもたらされる意見交換で「対話」を楽しむという風情すらあります。

それに対して、日本の社会でのコミュニケーションは、

そういった対話（ダイアローグ）を楽しむというより、禅問答がその極端な例ですが、言いたいことのエッセンスのみを言って、細かいことは言わずとも、聞き手のほうで適当に補って理解してくれという独白（モノローグ）のスタイルであるといえます。

このように、日本語文化の中では不用のアーギュメントですが、英語社会の中では、アーギュメントができることは必須です。ですから、どのように「アーギュメント」を組み立てていくか学んでいくことにしましょう。

英語モード ON! 「アーギュメント」の条件とは？

「アーギュメント」は、「討論」「議論」とも訳されたりしますが、ライティングやスピーチ、ディベートなどで使う場合は、ある問題について自分の意見を提示し、それによって他人を説得したりする際に用いる「論理的な陳述」ということができます。

一番シンプルな形では、「言いたいこと・主張」とともに、その「理由」を述べること、そして、論拠をさらに支える「事実としてのデータ・証拠」を示すことです。日本人の議論があいまいなのは、「理由」や「証拠」が不十分だったり、あるいは「主張」そのものが明確でなかったりするからでしょう。ただの陳述（statement）ではなく、「アーギュメント」となるためには、いくつかの必要条件があります。

（1）自分の「主張」は、「根拠」を挙げて論理的に述べる

何か意見を述べたいとき、「〜だ」と、その意見だけ

を述べる（主張する）ことはできます。そのとき、その意見を聞いたり読んだりした人が、その意見にすんなり賛成してくれたとしたら、聞き手・読み手も同様な考え方と主張を持っていたのだということがわかります。

　しかし、そういうことは珍しく、一般的には自分の主張を述べるには、その主張のよって立つところ、つまり「根拠」も示し、「〜だから〜なのだ」というように、自分の考えを述べると、より多くの人にわかってもらえる可能性が出てきます。

　たとえば、「大学で体育が必修になっていること」に異を唱えるべく、「大学で体育が必修である必要はない」と主張したいとしましょう。

It is not necessary to have a physical education course required of every student at college. (=CLAIM)
「大学で体育が必修である必要はないと考える」（＝主張）

「主張」というのは、このように、
① 自分の意見
② 訴えたい政策や方針
③ 広く人々に知らしめたい事実
などです。そして、その「主張」は十分な「根拠」によって支えられている（サポートされている）ものでなくてはなりません。

「大学で体育なんてやりたくない」などという漠然とした、主観的あるいは個人的な理由ではなくて、万人に理解してもらえるような理由でなくてはなりません。

　上の「大学で体育が必修である必要はない」という

「主張」を支えるためには、次のような「根拠」を挙げる必要があるでしょう。

I know a purpose of a PE class at college is to make a sound body, but these days we can go to nearby gyms or clubs to take up any sports we like, or just we can simply enjoy jogging at our own pace, rather than being forced to choose from a very limited menu at college.（=DATA）

> 「大学で体育をする目的は、健全な体をつくることだということはわかっている。しかし、大学で提供される限られた種類のスポーツからの選択を強制されるより、今日では家の近くのジムやクラブに行って自分たちの好きな運動をすることができるし、自分なりのペースでジョギングを楽しむこともできるのである」（＝根拠）

これを図式化すると次のようになります。

根拠 ─────▶ 主張

このように、ただ意見を述べるだけでなく、根拠も示しながら、自分の意見を述べることを議論（アーギュメント＝argument）と呼ぶわけです。注1)

「根拠」となるものは、
①広く知れ渡っている事実
②具体的事例
③人々に比較的受け入れられやすいと思われる自分自身の意見

などが使えます。「根拠」は、英語ではdataと呼ばれるほか、support、reason、premise、evidenceなどと

いうネーミングでも呼ばれます。

(2) だめ押しの「理由付け」注2) を忘れない

しかし、同じような材料・事象を提出されたからといって、同じように考える人ばかりではありません。そこで、そう考えた「根拠」から、なぜそのように言えるのかという自分の主張が導き出されるに至った「理由付け（WARRANT）」をさらに明確に述べると、より多くの人々の賛同を得られる可能性が高まります。

「理由付け」は、「根拠」から「主張」が導きだされることの論理的正当性を示すものです。「理由付け」は、万人が納得しているものでなければならないので、広く一般的に考えられていることとか、一般的に信じられている考えである必要があります。これを図式化すると次のようになります。

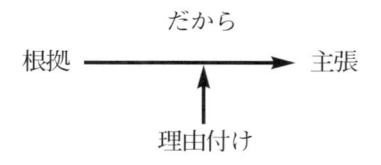

```
              だから
根拠 ──────────────→ 主張
              ↑
            理由付け
```

上の例の場合、次のようなものが「理由付け」になるでしょう。

We can make ourselves healthy and fit without being forced to by school. （＝WARRANT）

「学校から強制されずとも他の手段によって自らを健康にすることができる」（＝理由付け）

第3章　「英語モード」で英文を書く8つの秘訣

これで、「今ではスポーツ・ジムの数が増えているので、家の近くにあるジムを利用したり、あるいは自分自身でジョギングすることも可能であり（＝根拠）、学校によって強制的にやらされなくてもそれぞれが自分のペースで健康を保つことができる（＝理由付け）のだから、体育の授業は大学では強制されるべきでない（＝主張）」という流れになります。

　このように、「根拠」の多くは、公表されている数字（たとえば、都内にあるスポーツ・ジムの数）など、だれにとっても納得がいく客観的事実で、普遍的なものが多くなります。
　「理由付け」がうまく働くかどうかは、自分の主張の聞き手・読み手である社会が、どのような一般的な考えを持っているかに左右されます。ですから、異なる文化・社会に住んでいる人どうしのコミュニケーションでは、このあたりの誤解から、トラブルが生まれてくるのでしょう。（右ページのコラム参照）
　以上ご紹介してきましたように、「大学の体育を必修からはずすべきだ」という主張も、ただ「やりたくない＝I don't want to . . . .」という主観的・情緒的理由だけより、このように、「根拠」を述べて、それがスムーズに「主張」に導かれる「理由付け」をすることで、ずっと説得力が増してきます。
　適切な「理由付け」を導くためには、「自分の手持ちの根拠から、なぜそのような主張ができるのか」という質問をしてみることです。さらに、この「理由付け」によって、自分の主張が読み手に受け入れてもらえるに足るものであるか自問してみます。

このように、主張がぐらつかず、論旨が首尾一貫している文章を「論旨が通っている（coherent）文章」と言い、英作文では重要な要件の1つです。

注1）アーギュメントの仕組みをわかりやすく解説したのは、Toulmin, S. (1958). *The Use of Argument* です。
注2）warrant は「論拠」という訳語があてられていることも多いのですが、data の「根拠」と紛らわしいので、ここでは「理由付け」という訳語をあてています。

文化や社会が違うと、こんなに違う「理由付け」

「理由付け」は、「広く一般的に受け入れられている考え」ということですので、文化や社会が異なれば、「理由付け」自体が異なってくる可能性は当然あります。次の例は、Wood (2001)の本に出ていたおもしろい文化比較です。

日本人の主張：アメリカ人の平均的な労働者は怠け者である。
　　　根拠：なぜなら彼らは週に40時間しか働かないから。
日本人の理由付け：週に40時間しか働かない人は怠け者である。

一方、
アメリカ人の反論：アメリカ人は働き者である。
　　　　　根拠：なぜなら週に40時間も働いているから。
アメリカ人の理由付け：週に40時間も働く人は勤勉で働き者である。

このように、「理由付け」からして異なっていると、それをも乗り越えて相手を説得するためには、多くの努力が必要になります。

秘訣 8
英語の文章のフォーマットを守る

英語モード ON!　「随筆」と「essay」はまったく違う

　アメリカの大学や大学院に留学を希望すると、入学願書といっしょに、"essay"を書いて出すことになります。このとき、「essay ＝エッセー」と思ったら大きな間違いです。日本語でいう「エッセー」は「随筆」という意味に近いものですが、きっちりとした構成を求める英語の"essay"は、そうした「感想文的」書き方とは大きく異なります。

　日本では、「考えながら書き、書きながらまた考える」という習慣がありますが、「随筆」は、文字どおり、「心がおもむくままに」、「筆に随って（まかせて）」書きつづるわけです。そうすると、文章を書いている途中で、考えが変わったりして、最初の書き出しと結論部分では違うことを書いたりもします。それでも、「心の命ずるままに」書いたわけで、日本語の文章としては不都合ではなかったりもします。日本では、「ああでもない、こうでもない」という心の動きをそのまま正直に反映させて書くことは、あまり非難されません。

　この点に関して、前にも引用した片岡氏は次のように

鋭く指摘しています。

「小、中、高、さらには大学で、日本語で文章を書くトレーニングが、いったいどのように行われているか。（中略）もっとも一般的に実践されているのは、感じたままに書きなさい、という作文作法ではないか。とにかく書き手の主観のおもむくままに書く、という方法だ。おぼろげに頭に浮かぶことの全体を、はしから列挙するかのごとく、絵巻物のように書いていく、などとしばしば表現される方法だ。（中略）思ったとおりを書く、つまり思いつくままに書くとは、思いつかないこともたいへん多いままに書いていく、ということである。なにをどう書いてもいい、ということだ」

しかし、英語の文章の場合は、それではいけません。英語のessayの書き方には、一定のフォーマットがあります。では、どんなフォーマットがあるのかをご説明していきましょう。注)

注) ここで扱っているのは、academic essayと呼ばれるジャンルに入るもので、もちろん、personal essayとかinformal essayという別のジャンルにおいては、これから説明するようなフォーマットに縛られることはありません。

英語モード ON! 「結論」を冒頭で書く

　文章を論理的にするためには、書き始める前にするべきことがたくさんあります。なによりまず、自分の書きたい命題を決めて、その命題を「結論」として、「冒頭」で書かなくてはなりません。

　これは、1つのパラグラフ内では、「トピック・センテンス (topic sentence)」と呼ばれ、複数のパラグラフからなるエッセーでは「主題文 (thesis statement)」と呼ばれるもので、書き手の中心となる主張を表すものです。

　それは、書いているうちに思いつくのではなく、書き始める前に確定して、冒頭で述べなければいけません。そして、それに続く文章は、その命題と密接につながっているという構成が求められます。

　それでは、1つのパラグラフの形から見てみましょう。

　まず、パラグラフの最初は、普通5文字分あけ（これをインデントするといいます）、パラグラフの始まりを伝えます。そして、このパラグラフの中心で、核心となるアイディアをトピック・センテンスとして表します。トピック・センテンスは、いわばこのパラグラフ全体を要約している文です。

　そして、それに続く文は、そのトピック・センテンスで述べた考え（往々にして抽象的な概念）を、具体的に説明する「サポーティング・センテンス（支持文）」です。

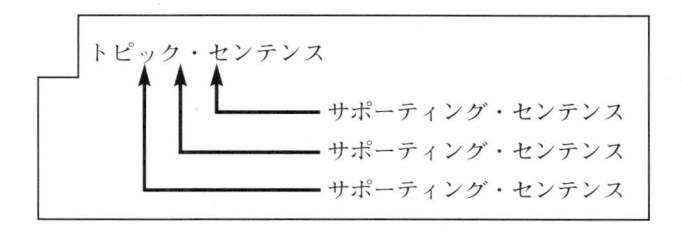

```
┌─────────────────────────────────────────┐
│  トピック・センテンス                    │
│    ↑  ↑  ↑                              │
│    │  │  └─ サポーティング・センテンス   │
│    │  └──── サポーティング・センテンス   │
│    └─────── サポーティング・センテンス   │
└─────────────────────────────────────────┘
```

　サポーティング・センテンスによる具体的な説明があって、初めてトピック・センテンスで表されている考えが納得できるものになるわけです。逆に言えば、もしトピック・センテンスで表されていることがすんなり納得されるのであれば、それに続くサポーティング・センテンスを読まなくてもよいことになります。つまり、トピック・センテンスが、そのパラグラフを要約しているからです。

　このことを応用したのが、「速読」のテクニックです。それぞれのパラグラフのトピック・センテンスを拾い読みしていくだけで、大体の内容がつかめるのです。それがなぜ可能かというと、英語の文章は、このように、トピック・センテンスにそのパラグラフ内のエッセンスを集約させる、というフォーマットにのっとって書かれているからです。ですから、私たちも英文を書く際には、このフォーマットに沿って、きちんとしたパラグラフ構成で書くように心がけましょう。

英語モード ON! 「アウトライン」を考えてから書く

　普通、英語の文章というのは、1つのパラグラフだけでなく、複数のパラグラフで構成されています。

　いくつかのパラグラフからできた文章を書き始める前には、文章全体の構成をしっかり組み立てておかなければなりません。その構成を考える上で、非常に役に立つのが「アウトライン (outline)」です。

　例として、97ページのアーギュメントの例として出した「大学での体育の必修はなくすべきだ」という主張の文章を書くとしましょう。その際の主題文 (thesis) は、自分が主張したいこと、"It is not necessary to have a physical education course required of every student at college."になります。

　それに続く文は、この主張をサポートするものでなくてはならないので、3つの理由を考えます。そして、それぞれの理由に、説得力を持たせるため、それぞれにさらにサポートとして、具体例や事実を加えることにします。

　すると、構成を明らかに示す、右のようなアウトラインが完成します。

　このようにアウトラインを作成すると、ローマ数字で表された項目が「理由」で、それをアルファベットの大文字で表した「事実」がサポートし、さらに算用数字で表した「例」がそれを詳しく説明する、という3重の構造が見て取れます。それぞれのカテゴリー別に、右側にずれていることに注目してください。右にずれるほど、具体的になるわけです。一番左にある主題文が最も抽象度が高い筆者の意見 (opinion) で、右に寄っているほど、

主題文：大学において体育が必修である必要はないと考える（It is not necessary to have a physical education course required of every student at college.）

I. **自分で健康を維持できるから**
   (We can become healthy on our own.)
   A. スポーツ・ジムに行く（Going to gyms）
      1. フィットネス・クラブ
         (going to fitness clubs)
      2. 地域の体育館
         (going to local public facilities)
   B. 大学のクラブに入る（Joining clubs）
      1. テニス・サークル（tennis circle）
      2. 空手部（karate club）
   C. 自分でジョギングやウォーキングをする
      (Jogging or walking)

II. **大学の体育の授業でできる種目は限られているから**（College PE classes cannot provide a wide range of sports.）
   A. 大学の施設には限度がある（College facilities are limited.）
      1. ゴルフ場はない（no golf course）
      2. トレーニング・ジムがない
         (no training gyms)
   B. 機会が限られている（Opportunities are limited.）
      1. 天候に左右される（depend on weather）
      2. 1クラスの大きさによる
         (depend on class size)

III. **大学は学問を学ぶ場所であり、体を鍛えるところではないから**（A college is for academic work, not for training our bodies.）

項目の具体性が増していきます。このように、明確な設計図であるアウトラインがあれば、それに基づいて論理的にしっかりした文章を書くことができる、というわけです。

英語モードON! 望ましいエッセーの構成とは？

それでは、このアウトラインにしたがって、エッセーの構成を考えてみましょう。

まず、一般的にエッセーは3つの部分からできています。導入部（introductory paragraph）、本論（body paragraphs）、結論部（concluding paragraph）です。

導入部は、このエッセーが何についての文章なのか、そして、続く本論がどのような展開になっているのかを述べる部分です。したがって、ここでは必ず主題文を提示します。

本論では、導入部の主題文を受けて、具体的に議論を展開します。通常、いくつかのパラグラフから構成されていますが、それぞれのパラグラフにも、冒頭にトピック・センテンスが置かれ、その後、そのトピック・センテンスをサポートするサポーティング・センテンス（支持文）が続きます。

結論部は、全体のまとめです。通常、主題文を別の言葉で言い換えて、全体を要約します。

導入部

　It is not necessary to have a physical education course required of every student at college. I will defend my opinion with **three reasons**.

本論

　First, we can become healthy on our own. For example, ...

　In addition, college PE classes cannot provide a wide range of sports ....

　Finally, a college is for academic work, not for training our bodies ....

結論

　In conclusion, ...（主題文の言い換え＋提言、展望など）

英語モード ON! 意見を述べる「議論文」の構成

英作文のジャンルは、一般的に次のように分けられ、それぞれのパラグラフは、特有の展開をします。

(1) 議論文 (argumentative writing)：ある問題 (issue) に対して、自分の立場を明確にし、その根拠を論理的に述べる文章。論述文ともいわれる。
(2) 物語文 (narrative writing)：過去のできごとを語る文章。時間的推移による展開の仕方が特徴的。
(3) 描写文 (descriptive writing)：人物や物や場所を詳しく描写する。
(4) 説明文 (expository writing)：ものごとを客観的に説明する文章。この中には、「因果関係」(cause and effect)、「手順」(process)、「比較対照」(comparison and contrast)、「定義」(definition) などを表すものがあり、それぞれ特徴的な形式を持つ。

この中でも、アメリカの大学のテスト問題やTOEFLのライティング・テストで出題されるパターンで多いのが、(1)の「議論文」です（113ページのコラム参照）。「議論文」のような論理性が問われる文章を書くときには、基本的な構造としては、次のページのようなアウトラインの原型をもとにして、それに合致するように書くと、堅固な文章になります。

右ページのように、綿密なアウトラインを完成させて、

主題文＝問題に対して、自分のとる立場を明確にする。
- **I believe that ....** （私は〜のように考える）
- **My opinion on 〜 is that ....** （〜に関する私の意見は〜である）

I. 自分の意見をサポートする第1の理由：
　First, （その理由は、まず、）
　　A. 理由付け：**That's because ....** （なぜならば…）
　　　1. 具体例、実例：**For example,** （たとえば、）
　　　2. 具体例、実例

II. 自分の意見をサポートする第2の理由：
　Second, （第2の理由として、）
　　A. 理由付け：**That's because ....** （なぜならば…）
　　　1. 具体例、実例
　　　2. 具体例、実例

III. 自分の意見をサポートする第3の理由：
　Third, （第3の理由として、）
　　A. 理由付け：**That's because ....** （なぜならば…）
　　　1. 具体例、実例
　　　2. 具体例、実例
　　（必要があればもっと理由を加える）

IV. 自分の意見と反対の意見＋反論：
　予想される反対意見を提示し、それに対しなぜ自分は同意できないのかを述べることにより、自分の意見の優位性の論証を試みる。

　Some people may think .... However, ...
　That's because ....
　（一方、〜と考える人もいるかもしれない。しかし、〜だ。なぜなら、〜だからである）

結論：
　今までの意見をまとめ、自分の主張をもう一度強調する。
　In conclusion, ... （結論としては…）
　To sum up, ... （自分の意見をまとめると、…）

屋台骨がしっかりでき上がったと判断してから、実際の作文作業に移りましょう。つまり、書いている途中で、ああでもない、こうでもないと迷走してしまうようなことにならないように、書き始める前に、全体の構成をきっちり決め、いざ書くとなったらアウトラインに沿って書くと、論旨の明快な説得力のある文章が書けます。もちろん、毎回、これほどきっちりしたアウトラインを書く必要はありませんが、概略だけでも考えてから書き始めると、より論旨が通った文章になるでしょう。

　これまで、「英語モード」による文章の型や、書き方の心構えという点から話をすすめてきました。でも、いざ文章を書くことになっても、書くべき内容がなかったらどうにもなりません。
　そこで、次の章では、書く内容を豊かなものにするためのアイディア創出の方略と、書く内容が用意されたとして、それらのアイディアを文にし、文と文をどのようにつないだら、英語らしい文章にできるのか、を考えてみることにしましょう。

「議論文」は、試験問題でしばしば出題される

次の例は、アメリカのある州立大学の「英語能力試験」の問題例です。

次のトピックの中から1つ選び、制限時間内（2時間）で自分の考えを書きなさい。（300語以上書くこと・辞書持込可）

- If you were in a position to employ a teacher, what would you want him/her to have?（もしあなたが、教師を採用する立場にいたら、教師にどのような資質を求めますか）
- Should the school year be extended? Discuss.（1年間の授業日数は、もっと多くあるべきだと思いますか。考えを述べなさい）
- What qualities should Americans look for in a presidential candidate?（大統領の資質としてアメリカ国民はどのようなものを求めるべきだと考えますか）
- As adults, we serve as role models for children. What are some of the most important issues in which we can serve as positive role models? Why?（大人は子供たちにとってのロール・モデルである。望ましいロールモデルとして子供たちに自分を示すにはどのような点が最も重要な点と考えますか。それは何故ですか）

このように、アメリカの大学の試験には、議論文がしばしば登場します。

第4章

内容豊かで洗練された英文を書くための6つの秘訣

秘訣 9

自分で自分に質問する

⤴⤴ 5W1H（Who, What, When, Where, Why, How）の質問をする

　作文をするときに、なんと言っても重要なのは、書くアイディアがあるということです。

　次の文章を見てください。これは、「楽しかった日の思い出」というタイトルのもと、ニューヨーク滞在中に訪れたブロンクス動物園の思い出を英作文にしようとしているものです。

I went to the Bronx Zoo. I saw many animals. I enjoyed it very much.

　これだけでは、まったく無味乾燥で、読み手に何の情報も伝わってきません。それにたった3センテンスでは作文とは言えないでしょう。

　では、これをもっと内容のふくらんだ、豊かで生き生きした文章にするにはどうしたらよいのでしょうか。

　このとき、まず有効なのが、5W1H（Who, What, When, Where, Why, How）を使った「質問」をしてみることです。

I went to the Bronx Zoo [When did you go?] when I stayed in New York in 1998. [Why did you go?] My whole family was interested in animals. [How did you go?] We went by car and took an expressway to the Bronx. As it was on Sunday, the expressway was not crowded. [How long did it take?] It took us only one hour to get there. [What did you do?] We saw many animals. [What did you like most?] Particularly, I liked prairie dogs. [Why?] They were so cute. [In what way?] They put their heads above the ground and then went back to their underground nest, and after a short while they appeared again . . . . 注)

このように、自分で質問をつくってみて、その質問に答えてみると、どんどんと内容がふくらんできます。自分が書いている作文の内容をふくらませるためには、まず「質問をする」ことが、とても有益な手段なのです。

注) この図を描くに当たっては専修大学教授・上村妙子氏から貴重な示唆を頂きました。

アイディア発見のためには、どんな質問をすればよい？

「質問する」ことで内容を深めていくテクニックは、アメリカの修辞学者や作文指導者たちによっていろいろ考えられていて、アイディア産出のためのさまざまな質問事項が、作文のジャンル別に提出されています。

たとえば、比較的シンプルな「物語文（narration）」の場合は、次のような質問文が考えられます。

What happened?（何が起こったのか）
When did it happen?（いつ起こったのか）
Where did it happen?（どこで起こったのか）
Who did it?（誰がやったことか）
Why did it happen?（なぜそれが起こったのか）

ここで、ほかのジャンルに関して用意した質問の例を、ニールド（1986）からご紹介しておきましょう。これらの質問を自分に問いかけることで、それまで気づかなかった側面に光が当たり、それに答えることで、内容が深まっていきます。注)

[言葉の定義に関わる文章の場合]
1．辞書はその言葉をどのように定義づけているか。
2．自分はその言葉をどのような意味で使っているのか。
3．その言葉はどのような上位概念の中に分類されるか。そして、その中でほかの言葉との違いは何か。
4．その言葉をどのような下位概念にさらに分類できるか。
5．その言葉は時代によって意味するものが異なってきているか。もしそうであるなら、どのような変遷を経てきたのか。
6．その言葉とほぼ同じ意味を表すほかの言葉はないか。その言葉の表す意味の具体例は何か。
7．その言葉の意味が誤解されるのはどのような場合か。

[比較の文章の場合]
1．その物は何と類似しているか。どのような点で類似しているのか。
2．その物は何と異なっているか。どのような点で異なっているのか。

3．その物は何より優れているか。どのような点で優れているのか。
4．その物は何より劣っているか。どのような点で劣っているのか。
5．その物と最も対照的なものは何か。どのような点で対照的か。
6．その物と最も類似しているものは何か。どのような点で類似しているか。

[因果関係を表す文章の場合]
1．それは何によって引き起こされたのか。
2．その目的は何か。
3．それはなぜ起こったのか。
4．その結果としてはどういうことが起こったのか。
5．それが起こる前にはどのような状況があったのか。
6．その後ではどのようなことが起こったのか。

[論証に関わる文章の場合]
1．その件に関し、人がどのように論評しているかを聞いたことがあるか。
2．それに関する事実や統計資料を知っているか。それはどのようなものか。
3．それに関し、誰か他の人と話し合ったことがあるか。
4．それに関する有名な格言を何か知っているか。

これらの質問に1つ1つ答えていくことで、内容がふくらみ、書ける量がおのずと増えてくるというわけです。

このように、アイディア発見のための「質問」は、作文力を高めるために大変有効なテクニックです。作文を書いている途中で、書くべき内容のアイディアに行き詰まったら、まず5W1Hの質問から始め、さらに、内容をもっと深めるための質問をいくつか用意して、内容を豊かなものにしていきましょう。

注）Neeld（1986）、pp. 46-47より抜粋の上、大井訳。

英語の常識：「's」にできない「〜の」

「知子のカバン＝Tomoko's bag」、「太郎のボウシ＝Taro's hat」、「犬のシッポ＝dog's tail」というように、日本語の「〜の」は、ちょうどうまいこと「's」で置き換えられ、大変便利なので、日本人の作る英文にはやたらと"〜's"という語が見られます。ところが、このように"'s"を付ければ、すべてうまくいくというわけではありません。

The door's color（ドアの色）、my school's name（私の学校の名前）、the bag's price（バッグの値段）などと言うことはできません。つまり、生きているものには"'s"を付けることができますが、物には付けることはできず、そのときは"of"を使います。つまり、The color of the door、the name of my school、the price of the bag にしなければなりません。

また、She lives in her imagination's world（彼女は想像の世界に住んでしまっている）も不可です。この場合は、imaginative world とか、単に imagination になります。

このように所有格を表すとき、名詞が「生き物」か「ただの物」か、見極めるというのもなんとも英語らしいですね。

ただし、For safety's sake（安全のために）、a day's journey（一日の旅程）、a dollar's worth（1ドルの価値のあるもの）、などの決まり文句では、"'s"が例外的に使われています。

秘訣 **10**

「リスティング」と「クラスタリング」

　では、何かを書こうと思って紙に向かったけれど、アイディアがちっとも浮かんでこないというときは、どうしたらよいでしょうか。そんなときに役立つのが、「リスティング」と「クラスタリング」というアイディア創出のテクニックです。

　それでは、"What are the qualities for being a good English teacher?"（良い英語の教師とはどのような教師ですか）というタイトルで文章を書くと想定して、これらのアイディアの創出法を体験してみましょう。

🔽🔽 「リスティング」をして、構想を練る

「リスティング（個条書き）」は、ほとんどの人が何らかの形で経験したことがある方法だと思います。書く内容に関連した項目や表現を、思いつくままにどんどん書き連ねていく作業です。

では、左のタイトルをもとに、リスティングしてみましょう。

- be kind to students（生徒に親切である）
- have good knowledge of English
（英語に関して知識が十分ある）
- can pronounce English words correctly
（英語の単語を正しく発音できる）
- prepare well for a class（授業の準備を十分にする）
- always read English newspapers
（いつも英語の新聞を読む）
- know English grammar thoroughly
（英文法に精通している）
- understand students' weaknesses and strengths（生徒の弱点や長所をよくわかっている）
- have a big voice（音量のある声をもっている）
- compassionate for students' needs
（生徒の要求に対し思いやりがある）

この作業の後、関係するものをひとまとめにしたり、ふさわしくないものを消したり、逆に足りないものを新たに加えたりして、構想を練ってみることです。

「クラスタリング」でアイディアを広げる

　実は、「リスティング」は、単なる語句の一覧表なので、関連するものを仕分けたり、不足しているものに気づかせるという点では、決して万能とは言えません。

　その点を補うのが、視覚的イメージに訴える「クラスタリング (clustering)」です。

　これは、情報の後先を考えることなく、頭に浮かんできたアイディアを、次々に空間的に関連づけながら書き込んでいくものです。

　まず、紙の中央に、ライティング (英作文) のトピックを書きます。それを丸 (バブル) で囲んだ後、そこから関連する語句や派生するアイディアを、脳の神経細胞のニューロンのごとく、次々とつないでいくのです。トピックからすぐ派生したアイディアは、サブ・トピックになるでしょう。そして、そのサブ・トピックのそれぞれには、もっと具体的な例とか詳しい理由や説明を表す表現を付加していきます。あるいは、逆に具体例ばかりが先に出てきた場合は、それらをまとめるサブ・トピックを後で加えます。それがトピックと具体例との橋渡しとして機能することになります。その結果できあがったものは、「アイディア・マップ」と呼ばれています。

　この方法だと、全体像が視覚的に見て取れるので、サブ・トピックのうち、具体例が少ないところには、もっと例を付け加えなければならないと気づくでしょうし、あまり関係なさそうな枝葉末節な事柄は削除しよう、というような判断もしやすくなります。

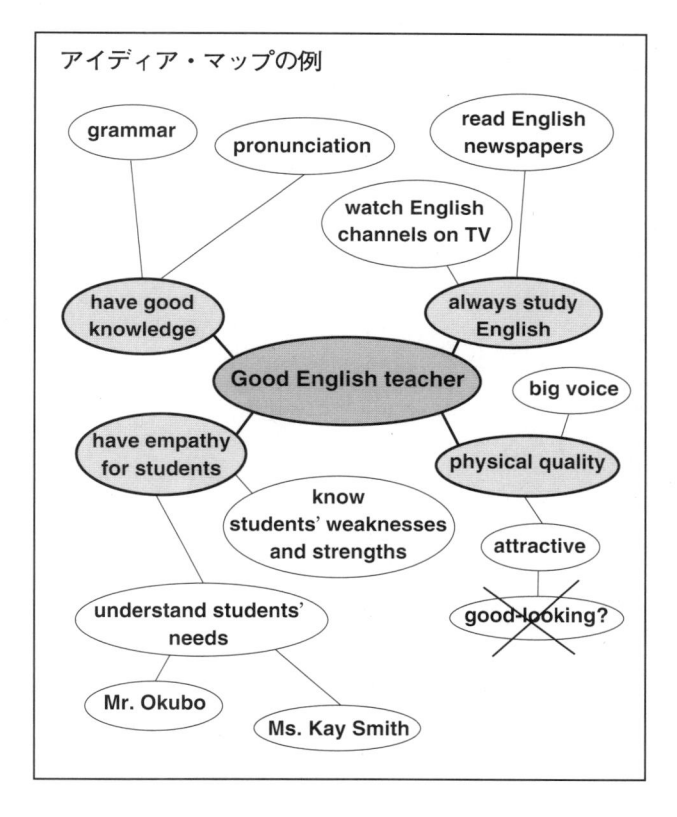

アイディア・マップの例

- grammar
- pronunciation
- read English newspapers
- watch English channels on TV
- **have good knowledge**
- **always study English**
- Good English teacher
- big voice
- **have empathy for students**
- **physical quality**
- know students' weaknesses and strengths
- attractive
- understand students' needs
- ~~good-looking?~~
- Mr. Okubo
- Ms. Kay Smith

　中央にあるトピックに、直接つながっている太線のバブルが、サブ・トピックです。そして、その周りのバブルが、サブ・トピックを支える具体的な項目です。これをそのまま一覧にすると、次のページのように、そのままアウトラインになります。

　これらのテクニックを活用して、発想を豊かにして、作文の内容をふくらませてください。

A good English teacher

I. Have good knowledge of English
   A. grammar
   B. pronunciation
   C. vocabulary

II. Always study English
   A. read English newspapers
   B. watch English channels on TV
   C. talk to native speakers of English

III. Have empathy for students
   A. understand students' needs
      1. Mr. Okubo — my high school teacher
      2. Ms. Kay Smith — my teacher at college
   B. know students' weaknesses and strengths

IV. Have physical quality suitable for a good teacher
   A. big voice
   B. attractive

案外間違える「できました≠could」の使い方

留学中の洋子が、友人宅で楽しい時間を過ごして戻ったときに、ホスト・マザーと交わした会話です。

ホスト・マザー：Where have you been?
洋子：I have been to Lisa's house. **I could have a very good time.**
ホスト・マザー：What happened?
洋子：Nothing. Why do you ask that?
ホスト・マザー：Did you have a good time?
洋子：Yes, of course.
ホスト・マザー：Then, you should simply say, "**I had a very good time.**"
洋子：I see.

couldは、もちろんcanの過去形なので、「～できた」という意味で使えますが、肯定文で使う場合は、「(当時)～する能力があった」という意味を持ちます。ですから、現実にある行為をある特定の時に実際行うことができたということであれば、I was able to か、ただ単に動詞の過去形で表します。

たとえば、「日本隊は昨日エベレストの頂上に到達することができた」は、"The Japanese team could reach the top of Mt. Everest yesterday."ではなく、"The Japanese team reached (was able to reach) the top of Mt. Everest yesterday."。「落としてしまった財布を見つけることができた」は、"I could find my purse."は間違い、正しくは"I found my purse."です。

ただし、過去のことで、否定文や知覚動詞(hear, see)や一部の動詞(remember, understand)の場合は、次の例のようにcould が使えます。

As I was very tired last night, I could not finish the homework.
(昨夜余りにも疲れていたので、宿題を仕上げることができなかった)
I could hear the speaker's voice very clearly, even though I sat far back. (私はかなり後ろの方に座っていたけれど、講演者の声ははっきりと聞くことができました)

秘訣 11
同じ言葉の繰り返しを避ける

代名詞に置き換える

次の文章 [A] は学生が書いたもの、そして [B] は、私が直したものです。読み比べてみてください。

[A—学生が書いたもの]

I bought **my** new bicycle last Sunday. I have been riding on **the bicycle** everyday **since Sunday**. The day was Sunday. It was a fine day. I also rode on the new bicycle. I went along **the** narrow path. **The** speedy big car came up to me ....

[B—筆者が直したもの]

I bought <u>a</u> new bicycle a week before last Sunday. <u>Since then</u> I have been riding <u>it</u>. It was last Sunday. It was a fine day. I rode my new bicycle again. I went along <u>a</u> narrow path. <u>A</u> speedy big car came up to me ....

まず、Sunday が 2 回出てきますから、最初の last

Sundayは、正しくはa week before last Sundayということでしょう。では、そのほかは、どのように変身しているかを見てみましょう。

[A]		[B]
my new bicycle	→	**a new bicycle**
the bicycle	→	**it**
since Sunday	→	**Since then**
the narrow path	→	**a narrow path**
the speedy big car	→	**a speedy big car**

これらの誤りは、すべて英語の結束性（cohesion）による問題です。結束性というのは、語と語、句と句、文と文が互いに結び合って、まとまりのある文章を作り出すことです。ハリディ＆ハッサン（Halidy and Hasan）によると、結束性は主に次の4つによって得られるとしています。（1）指示（reference）、（2）代用（substitution）、（3）省略（ellipsis）、（4）つなぎ言葉（connectives）です。

(1)の「指示」に関して言えば、たとえば次の2つの文の結束性を高めているのは、2番目の文のSheです。

I just met Nancy. **She** hasn't changed a bit.

　Sheという代名詞から、読み手は「このsheは誰かな」と確認するために、最初の文を見ることになります。すると、「ああ、Nancyのことか」とわかります。そういう作業によって、2つの文が強く結びつき、すなわち結束性が生まれると説明されています。
　先ほどの学生の文章で指摘した誤りは、すべて「指示」での誤りということになります。
　日本語の文章では、この指示については、とやかく厳しいことは言いません。同じ言葉を何度繰り返してもうるさくは感じないし、代名詞の使用ということもほとんど考慮の外です。そもそも日本語では、代名詞はあまりなじみません。それでついつい英語で文章を作るときも、代名詞に置き換えるのがおろそかになってしまうのですが、それでは文と文の結束性が得られません。

別の単語に言い換える

英語では、"Avoid repeating the same lexical item."（同じ言葉の繰り返しは避けなさい）という教訓（golden rule）があります。そのため、英語では言い換え（reiteration）ということがよく行われます。たとえば、次の場合、2番目の文中では、"musical"という単語を、なんとか別の表現に置き換えようとするのが英語式発想です。

I went to see a **musical** last night.
  a. **The show**
  b. **The performance**
  c. **The event**   } was fascinating.
  d. **It**

上のa. b. c. は「同義語による代用」、d. は代名詞ということになります。この感覚を身につけるには、たくさんの英文を読んで、言葉の言い換えがどのように行わ

れているかを、意識的に見てみることから始めるのがいいでしょう。すると、いかに日本語では同一語が繰り返されているか、それに対して、英語ではいかに言い換えが工夫されているか、その違いに驚かれることと思います。

　別の単語にどのように言い換えているか、手元の英字新聞をちょっと見てみましょう。これは、ニューヨークの世界貿易センタービルへのテロ攻撃で、しばしば新聞に名前が出ることになったオサマ・ビン・ラディン氏についての報道です。彼の名前が、英字新聞ではどのように言及されているかに注意しながら読んでみてください。

Washington rejected an apparent offer from Afghanistan's Taliban rulers for talks concerning **Saudi-born militant Osama bin Laden**. The United States considers **bin Laden** its prime suspect and said it wanted to see action on its demands to hand **him** over after last week's attacks left nearly 6,000 people dead or missing....

Many military analysis expect that response to focus on **bin Laden**, who Bush had identified as the suspected mastermind behind last Tuesday's attacks.

Bush, meeting a string of top level foreign visitors at the Oval Office, again warned Afghanistan's leaders that they must surrender **the 44-year-old multimillionaire**, considered a "guest" in Afghanistan, and members of his al-Qaida organization or face the consequences.

(*The Japan Times*, Sep. 21, 2001)

このように、オサマ・ビン・ラディンという同一人物を、

Saudi-born militant Osama bin Laden
(サウジアラビア生まれの闘士、ビン・ラディン)
↓
bin Laden (ビン・ラディン)
↓
him (彼)
↓
bin Laden (ビン・ラディン)
↓
the 44-year-old multimillionaire (44歳の億万長者)

というように呼び換えて、決して同じ言葉をつづけて繰り返さないように工夫していることがわかります。

公的な文章ではない私信でも同様です。次の例からは、「〜年生」という表現を、さまざまに言い換えている工夫が見て取れます。

Our families are all very busy with children entering a higher grade. Jared is now **a freshman in high school**, Kelly is **a 7th grader in junior high**, Ben is **in the 8th grade in junior high**, Kalley is **in kindergarten** in the morning, and Chris has just **started his senior year at his college**.

日本語であれば、すべて「〜年生」というところを、このように変化をもたせています。

・ジェアードは高校1年生

→ Jared is now **a freshman in high school**

(名詞)

第4章 内容豊かで洗練された英文を書くための6つの秘訣　133

- ケリーは中学1年生
  → Kelly is **a 7th grader in junior high**（名詞）
- ベンは中学2年生
  → Ben is **in the 8th grade in junior high**
  　　　　　　　　　　　　　　　　（前置詞句）
- キャリーは幼稚園
  → Kalley is **in kindergarten**（前置詞句）
- クリスは大学の4年生
  → Chris has just **started his senior year at his college**（動詞）

　こうした「同一語句の繰り返しを避けよう」とする英語の「くせ」も身につけられると、より英語らしい文章が書けるようになります。

Thesaurus (シソーラス・類語辞典) は言葉の「宝庫」

　英文を書く際、同じ言葉の繰り返しを避けるとなったら、同意語・類義語を探さなくてはなりません。その際、便利なのが類語辞典 (thesaurus) です。Thesaurus という言葉は、もともとギリシャ語で「知識などの宝庫」という意味です。確かに、シソーラスには、言葉の宝がぎっしり詰まっています。また、英語はそういう辞典が必要なほど、語彙が豊富にあるということでもあります。

　英語のネイティブ・スピーカーにとっても、文章を書くときには、シソーラスはなくてはならないものです。自分の表したい意味にぴったりの言葉を探したり、同じ語の繰り返しの使用を避けるための同意語や類語を探すのに、シソーラスを頻繁に使用します。シソーラスでいちばん古典的かつよく知られているのは、*Roget's Thesaurus* です。

　シソーラスは、自分の表したい意味を表すのに他にどのような単語があるかを探すものですが、同じような意味を持った類義語間での意味の違いを知りたいと思ったら、シソーラスではなく、類義語辞典に当たります。代表的なものに、*Webster's New Dictionary of Synonyms* と *The Penguin Modern Guide to Synonyms and Related Words* があります。

　日本人向けの類義語辞典としては、『基本英語類語辞典』(北星堂書店)、『英語類語使い分け辞典』(創拓社) などがあります。また、普通の英和辞典でも最近は類義語のセクションが充実してきていますので、ぜひ類義語の解説部分にも目を通し、類義語として挙げてあるものを見ながら、微妙な意味の違いや細かな用法の違いなどの知識を得たいものです。

秘訣 12

単純な文の羅列を避ける

　では、文と文のつなぎ方にはどのような方略があるでしょうか。きわめて単純なつなぎ方から、洗練されたつなぎ方まで、段階があります。ここでは、ぜひとも洗練された文のつなぎ方を学び、成熟した (mature な) 文章を書けるようにしましょう。

🢅🢅 成熟した文章とはどんな文章？

	青森	沖縄
Climate	Cool	Warm
Fruit crop	Apples	Pineapples

　皆さんはこのような表を与えられ、これを基に英文を書いてみましょうと言われたら、どのような文章を組み立てるでしょうか。

【レベル1】

　In Aomori Prefecture the climate is cool. In Aomri Prefecture the fruit crop is apples. In Okinawa Prefecture the climate is warm. In

Okinawa Prefecture the fruit crop is pineapples.

<small>（青森県は気候は涼しい。青森県の果実はりんごである。沖縄県は気候は暖かい。沖縄県の果実はパイナップルである。）</small>

　これは、ただ単に表の情報をそのまま個条書きのような文章にしただけですね。「主語＋述語」だけで構成された単文の羅列です。ベライター＆スカーダマリア(Bereiter & Scardamalia)は、このような文章を、もっともレベルが低い文章構成によるもの、つまり「レベル１」と呼んでいます。

　では、「レベル２」の文章を見てみましょう。

【レベル２】

　　In Aomori the climate is cool **and** the fruit crop is apples. In Okinawa the climate is warm **and** the fruit crop is pineapples.

　「レベル２」になりますと、少し成熟度が上がります。繰り返されていた語句が整理され、順接の接続詞andが登場して、よりスムーズな流れが出ています。しかし、andばかりでつながっている文は、まだまだシンプルの域を出ているとは言えません。１つの文とそれに続く文との関係は、andで結ばれる順接の関係以外にもいろいろあるはずです。

　次は、「レベル３」の文章です。

【レベル３】

　　In Aomori the climate is cool, **so** their fruit crop is apples. In Okinawa the climate is warm, **so** their fruit crop is pineapples.

「レベル3」の文章では、接続詞soが使われていて、「原因―結果」を示す因果関係が反映されて、ロジック（論理関係）が現れています。つながる2つの文の関係を適切に表現できるようになると、少し成熟した文が作れるようになるわけです。

それでは、次の段階になると、どうなるのでしょうか。

【レベル4】

　　In Aomori's cool climate they harvest apples, **but** with Okinawa's warm climate pineapples may be grown.

いかがでしょうか。「レベル4」では、1文の中に、表にあるすべての情報が統合されて盛り込まれています。「作物」という表現にcropばかりを使うところから、もう一段上の工夫をして「収穫」という類語にたどり着くと、harvestという語が出てきます。前で述べたように、英語は同一語の繰り返しを嫌います。ですから、cropを繰り返すのではなく、類語のharvestを使い、繰り返しを避けます。

さらに、第3章で取り扱った能動態と受動態のバランスを考えて、前の文ではharvestを動詞として用い「栽培する」、後の文ではharvestの類語である他動詞のgrow（食物を栽培する）の受動態、be grown「栽培される」を用いて、文の成熟度を高めたわけです。

そして、2つの文が「対照的な関係」にあることを見ぬくと、butという逆接の接続詞を使うことが可能になります。ここでは、butのほかにもwhile（一方で）など

で2つの文をつなぐこともできますし、前の文にピリオドを打って、次の文をOn the other hand（その一方で）で始めると、さらに「対照の関係」が引き立ちます。このような文章を、成熟した文章と言います。

このように、成熟した文章を書くためには、語彙、文体、そして情報構造の面（因果関係、対照の関係などを組み込める）などのさまざまな側面での洗練（sophistication）が必要になることがわかります。

皆さんも、何とか「レベル4」の段階に到達できるように、ライティングの鍛錬を積んでいきましょう。そのためには、類語を使って言葉の言い換えができるように語彙を増やし、さまざまな構文を使えるように構文力も養い、さらに文と文との関係を効果的に表現できるように論理構成を見抜く力をつけることが必要になります。

複数の単純な文を まとまった複雑な文章にする

次に、複数の文を、細切れ (choppy) ではなく、成熟していて (mature)、洗練された (sophisticated) 文章にまとめる方策を考えてみましょう。

皆さんは、次のような6つの細切れの文を統合して、まとまった文章にしなさいと言われたら、どのように書き換えますか？

(1) Aluminum is a metal. (アルミニウムは金属である。)
(2) It is abundant. (それは豊富にある。)
(3) It has many uses. (用途がたくさんある。)
(4) It comes from bauxite.
  (アルミニウムはボーキサイトが原料である。)
(5) Bauxite is an ore. (ボーキサイトは鉱石である。)
(6) Bauxite looks like clay.
  (ボーキサイトは粘土に似ている。)

アメリカの言語学者ハント (Hunt) の研究には、年齢によって文章の成熟度も、次のように上がっていくということが示されています。[注]

[小学4年生の作文例]

　Aluminum is a metal and it is abundant. It has many uses and it comes from bauxite. Bauxite is an ore and looks like clay.

この文章では、and が多用されていて、すべての内容がただ並列的に並べられています。これですと、単調な

感がぬぐえません。

[中学2年生の作文例]

Aluminum is an abundant metal, has many uses, and comes from bauxite. Bauxite is an ore that looks like clay.

ここでは、最初の4つの短文が、構造を変えて結合されています。(2)の形容詞abundantが、限定的に(1)のmetalにかかり、同一の主語は省略されて1つの文にまとめられています。そして、(5)と(6)は、関係代名詞thatで結ばれています。

[プロフェッショナル・ライターの例]

Aluminum, an abundant metal with many uses, comes from bauxite, a clay-like ore.

さすがにプロの手になると、見事に(1)から(6)までの内容が1文にまとめられています。(3)の文が"with many uses"という句になり、(6)が"clay-like"という形容詞に変換され、また、冒頭の"Aluminum, an abundant metal,"と最後の"bauxite, a clay-like ore"の部分では、同格をうまく使っています。

英文は、ただ単純なだけの文の羅列を嫌います。成熟した文章を書くには、これまで見てきたような文や句の組み立ての工夫が必要です。

注) Renkema, Jan (1993). *Discourse Studies —An Introductory Textbook*. Amsterdam: John Benjamin Publishing Companyの第15章に、この研究がわかりやすく紹介されている。

⿻⿻ 「センテンス・コンバイニング」の練習

このように、単純な文の羅列から脱却して、成熟した文章の書き方を習得するための練習に、「センテンス・コンバイニング(sentence combining)」という作業があります。これは文の成熟度を高めるために大変有益です。

センテンス・コンバイニングでは、まず自分が書きたいと思った内容を、メモとして個条書きのように書き出してみることです。その後、その細切れの情報を、より複雑な構造にまとめ上げていくために、いろいろな構文を考えて結びつきを試していくのです。

では、練習してみましょう。いろいろな結びつきを試した後で、太字の文のようになれば理想的です。

(1) My friend works in a computer company.
　　 My friend is an American.
　　 The company makes computers.
　　 The company is in Japan.
　　 → **My American friend works in a computer company in Japan.**
　　 → **I have an American friend <u>who</u> works in a computer company in Japan.**

(2) You must clean your room.
　　 You must make your bed.
　　 You must do these things everyday.
　　 → **You must clean your room <u>and</u> make your bed everyday.**

(3) Many people go to a hot spring spa during a winter holiday.

Many people go skiing during a winter holiday.

Some people do neither.

→ **Many people go to a hot spring spa or go skiing during a winter holiday, but some do neither.**

(4) Those parents beat up their children.

They are criminals.

I believe so.

→ **I believe (<u>that</u>) those parents <u>who</u> beat up their children are criminals.**

(5) A dermatologist is a doctor.

A dermatologist specializes in skin problems.

→ **A dermatologist is a doctor <u>who</u> specializes in skin problems.**

(6) Halloween is an American holiday.

Children especially enjoy Halloween.

→ **An American holiday <u>that</u> children especially enjoy is Halloween.**

ここまでの例では、複数の単文を1つのより複雑な構文に作り上げる訓練ですが、センテンス・コンバイニングのより高度な練習は、たくさんの文を1つのまとまったパラグラフに仕立てるというところまで含みます。ライティングの腕を磨くには、こうしたセンテンス・コンバイニングの手法を身につけてください。

秘訣 13

「つなぎ言葉」を効果的に使う

🔁 短い細切れの文章を流れのある文章にまとめあげるためには？

次の文章を見てください。

> Now I am busy. I have a part-time job. I need a lot of money to go abroad. I want to go to America. If possible, I want to live in America for a year. I want to try a lot of things in America. I have a lot of tests, too. So, I am very busy.

この文章は、"I"で始まる文が多いこと、in America という同一句を使ってばかりで、語の言い換えができていないこと、などが問題点としてあります。それに、1つ1つの文が短く細切れで、つながりがスムーズではありません。それに、テストの話は、脈絡なく突然出てきたように思えます。

これを、次のように書き換えた文章と、比べてみましょう。

I am very busy now. That's because I have a part-time job. The reason why I work now is that I want to go to America and live there for a year, if possible. And I would like to try a lot of things while I stay there. Therefore, I have to save a lot of money. In addition, I have several tests coming up soon. All in all, I am leading a very busy life now.

　上記の下線の部分は、「つなぎ言葉（transition words）」と呼ばれるものです。つなぎ言葉は、129ページでご紹介しましたように、つなぎ合わせるための結束性（cohesion）を高める上で、大きな働きをします。つまり、つなぎ言葉を効果的に使うことによって、文と文との結束性が高まり、ひとかたまりの文章として、よりしっかりと論旨が通った文章になるのです。

「つなぎ言葉」には、8つの機能がある

　「つなぎ言葉」は、その機能によって、以下の8つに分類されます。[　　]の中は、つなぎ言葉の機能、（　　）の中は、太字と同類の表現を列挙しています。

I want to go to the U.S.
 (1) **Moreover,** I want to study in college.
　　　［補足］(**and, in addition, also**)
 (2) **However,** I know it may be very difficult for me. ［対比］(**but, nevertheless**)

(3) **Otherwise,** I may go to England.
　　　［選択］(**or, or else**)
(4) **Therefore,** I have to work hard now.
　　　［結果］(**so, as a result**)
(5) **That's because** I have to save money.
　　　［理由］(**for, because, since**)
(6) **Specifically,** I may need to save more than two million yen. ［例示］(**that is, for example, in fact, namely**)
(7) **Then** I will apply for college.
　　　［経過］(**next, after that**)
(8) **In other words,** I need to change my lifestyle. ［言い換え］(**that is to say**)

　これらのつなぎ言葉には、品詞としては、andやorなどの接続詞、specificallyなどの副詞、in other wordsなどの句が含まれます。このように、文と文との論理関係を明確に示すつなぎ言葉を有効に使うことによって、自分の書いたものを読み手によりよく理解してもらうように努めたいものです。
　かといって、使いすぎは禁物です。上記の(1)～(8)は、例として挙げるために、あえてすべての文をつなぎ言葉で始めていますが、無論このようにどの文もつなぎ言葉で始めなければならないということではありません。あくまでも読み手に自分の書いたものをよりよく理解してもらうための補助として使用します。また、いつも文頭に置くのではなく、場合によっては、"I know, **however**, it may be very difficult for me." というように、文中に置く工夫も必要です。

「つなぎ言葉」とコンマの位置

ここで気をつけてほしいのは、これらのつなぎ言葉とコンマとの関係です。

（1）等位接続詞とコンマ

接続詞の中でも、for, and, nor, but, or, yet, so（まとめて"FANBOYS"と覚えましょう）は、等位接続詞として分類されるものです。

2つの独立した文（主語と述語がそろっている文＝S＋V）が、これらの等位接続詞によってつながれるとき、その等位接続詞の前には、コンマを置きます。

(例) John tried very hard**,** **but** he failed.
　　 John tried very hard**,** **so** he passed the exam.
下のように、後ではないので、注意しましょう。
× 　I failed **but,** I would not blame anyone.

第4章　内容豊かで洗練された英文を書くための6つの秘訣

ときどき、文頭に等位接続詞を使ってコンマを置いた文を見かけますが、これは避けたいものです。

× **So,** I don't like to do that any more.
× **And,** I went on doing that.

また、つなげられる文の片方に主語がない場合、コンマは要りません。

○ I can try again **or** give it up forever.
× I can try again**,** or give it up forever.
（or の後に主語がない）
○ I can try again**, or** I may give it up forever.

（2）そのほかのつなぎ言葉とコンマの位置

そのほかの副詞や句などのつなぎ言葉の場合は、つなぎ言葉の後に、コンマを置くのが一般的です。

For example, Jane was troubled with unexpected calls and heavy traffic.
（たとえば、ジェーンは予想していなかった電話や道の混雑などで困っていた。）

As a result, she could not reach the place in time.
（その結果、彼女はそこへ時間に間に合って着くことができなかった。）

Finally, she lost everything.
（とうとう、彼女はすべてを失ってしまった。）

◤◤ 「つなぎ言葉」を入れる練習

では、実際に「つなぎ言葉」を入れる練習をしてみましょう。つなぎ言葉というのは、話の流れをスムーズに運んでくれるもので、英文ライティングでは大変有用なものであることに気づかれると思います。

次の文は、人間にはさまざまな種類の知力があって、頭がいいと言われるのは、お勉強ができるということだけではない、ということを言っている興味深い文章です。ここには、つなぎ言葉が入っていません。(A)〜(F)に、どんなつなぎ言葉を入れたら、わかりやすくなるか、考えてみましょう。

There are several kinds of intelligence. (A), there is mathematical-logical intelligence. People with this kind of intelligence become mathematicians, scientists, or engineers. (B), there is linguistic intelligence. People with linguistic intelligence are good at language, so they become poets and writers. We are familiar with these first two kinds of intelligence, but five other kinds are not so familiar. There are (C) spatial and musical intelligence. Spatial intelligence is necessary for architects and artists, and musical intelligence is necessary for musicians. (D), there is bodily-kinesthetic intelligence. (E), the last two kinds of intelligence are interpersonal and intrapersonal. People with these two kinds of personal intelligence manage people well, so they become leaders of society. (F), there is more than one way to be smart.注)

> (知力にはいくつかの種類がある。(A) 数学・論理の知力である。この種の知性に優れている人は、数学者や科学者、エンジニアになる。(B)語学の知力のある人は、言語面で優れているので、こういう人々は詩人や作家になる。我々はこの２つの知力についてはよく知っているが、他の５つの知力についてはあまりよく知らない。(C) 空間的知力と音楽的知力がある。空間的知力は建築家や画家にとって必要なものであり、音楽的知力は音楽家に必要なものである。(D) 身体・筋力的知力というものもある。(E)残った最後の２つは対人関係知力及び個人内知力と呼ばれるものである。こうした人間関係の知力に優れた人は、人々をうまく動かすことができ、それゆえ、社会の指導者になる。(F) 頭が良いといわれるには、複数の方法があるというわけである。)

まず、(A)について考えてみましょう。several kinds と、トピック・センテンス（第３章参照）にあるので、For example を思いつく方もいらっしゃるかもしれません。それだと、順を追っていくというよりは、漠然と並列されているようで、あまり感心しません。それよりは、「まず」ということで、First を持ってくるのがよいでしょう。

そうすると、必然的に(B)には、Second が入りますね。(A)にFirstly、そして(B)に、Secondlyでも間違いではないのですが、現代のアメリカ英語では、簡潔にFirst、Second、というほうが好まれているようです。なお、これらのつなぎ言葉の後には、通常コンマを置きます。

ここまでくると、(C)を含む文は、もう１つの知性を紹介するための「追加」の意味を表すつなぎ言葉が必要だと気づくでしょう。(C)は、文の途中ですから、ここに入れるものは、副詞のalsoがいいでしょう。

(D)は、さらに追加していますから、文頭に来るべき

ものとして、In additionとか、Furtherあたりがよいでしょう。

（E）は、列記すべき知性の最後のものを表しているので、Finallyがふさわしいことがわかります。

最後の（F）を含む文は、これまでのことをまとめている結論文であることがわかります。話の流れから、「だから」という意味で、SoとかThereforeを入れたくなりますが、よくこの文章を読んでみると、「知性にはいろいろあるのだ。頭が良いということは1つの概念では表せないのだ」と言っていることが納得され、それを総括しているのが、この結論文であることがわかります。ですから、「要するに」といった意味のIn shortあたりが、ぴったりくるでしょう。

このように、いくつかのものを列記していくとき（listing order）には、読み手に混乱を与えないように道筋を示していくために、ことに適切なつなぎ言葉が必要になります。

注）Hogue, Ann (1996). *First Steps in Academic Writing*. Addison-Wesley Publishing Companyから一部変更の上、引用。

秘訣 14
「知的小道具」を活用する

「知識発表型」から「知識変形型」の文章にするための「知的小道具」

　第3章で、未熟な書き手が使いがちなパターンとして「知識発表型」、成熟した書き手の使うパターンとして「知識変形型」という分類があるということを紹介しました。90ページの [B] の例文からもわかるように、知識変形型の文章には、書き手の「問題設定の認識」や「客観的分析」などの姿勢が反映されていて、一人称の"Ⅰ"が連なるひとりよがりの知識発表型の文章と異なり、かなり洗練された文章であることが納得いただけたかと思います。

　誰しも知識発表型から脱却して、知識変形型へと成熟していきたいと思うでしょう。この「問題設定の認識」「客観的分析」という視点を持つことの大切さは誰しも認めるでしょうが、こうした認知能力は一朝一夕には身につかないのが大変なところです。

　そこで、そういう能力獲得への助走として、論理的文章を書くための秘策である「知的小道具」の活用をお勧めします。「知的小道具」というのは、前節で扱ったつ

なぎ言葉の一種ですが、これらは論理的文章や知的な香りのある文章を作るために、きわめて有効だと考えられます。

　まず、文章を「論理的に構築する」小道具としては、First、Second、because、One reason is、The second reason is、That's why、The main point is、などのつなぎの表現が使えます。その他にも、文章に「具体性を持たせ、主張をサポートする」道具として、For example、For instance、さらに、文章に「客観性をもたせる」not all、some . . ./others . . . などの表現がありますが、こういう表現を自分の文章に無理やりにでも入れ込もうとすることから始めてみるといいでしょう。

「知的小道具」を使って、成熟した文章に

　これらの小道具を必ず使うように仕向けることで、小学生の作文能力に向上が見られた、という報告があります。(注) そこに紹介されていた小学校4年生の文章です。太字が「知的小道具」です。

[小学校4年生の文章]

　One reason I like winter is because of all the sports and games you can play in the snow. **The second reason** that I like winter is because when you come inside from playing in the snow, you can warm yourself up with hot chocolate. **Not all** people think winter is so fun **because of** things like car accidents, and slipping on the sidewalk. **Besides** like playing in the snow, I sometimes think it's fun to just watch the snowflakes fall. But when I don't think about it, winter is just another season.

> （私が冬が好きな１つの理由は、雪の中でいろいろなスポーツやゲームができるからだ。私が冬が好きな２番目の理由は、外で遊んでから室内に入ったとき、温かいココアで体を暖めることができることだ。すべての人が冬が好きなわけではなくて、それは、車の事故とか、歩くときすべったりするからだ。雪の中で遊ぶことのほかにも、雪がちらちらと落ちてくるのを見るだけでも楽しい。しかし、そんなことをわざわざ考えないのであれば、冬はほかの季節と特に変わらない。）

このように、One reason is とか The second reason is という語句を使うことを強制されれば、おのずと論旨に沿った理由をいくつか見つけ出そうとするでしょうし、for example を使わなければならないということになれば、必然的に例を持ち出して論点の具体的な説明がされて、論点がサポートされることになります。Not all や some ... /others ... を使うのであれば、自分だけのひとりよがりの意見から、「ほかの意見を持っている人がいるかもしれない」ことを想定することになるので、より客観性のある文の展開になります。また、On the contrary とか In contrast を使いなさいということであれば、持論とは異なる角度から考察する必要が生まれてくるでしょう。

こうした「知的小道具」を使ってみると、おのずとさまざまな角度からの考察ができるようになり、文章の展開の中で、「問題設定」や「問題解決」などをする習慣が身につくようになります。

注）Bereiter & Scardamalia (1987).

使えるようになりたい「知的小道具」表現集

　このような知的小道具になるさまざまな表現は、できるだけ多く覚えて、少しでも知識変形型の文章に近づけるようにしたいものです。次のリストは、そのための表現集です。前述の「つなぎ言葉」も参照してください。

（1）自分の意見を述べるときの表現

  in my opinion（私の考えでは）

  I believe (that)（〜と信じる）

  as far as I am concerned（私に関して言えば）

  I would strongly argue that
   （私は〜であると強く主張する）

  as I see it（私が考えるには）

  personally（私個人としては）

(2) 追加の表現
    besides （それに）
    furthermore （さらに）
    what is more （さらに）
(3) 一般化するときの表現
    as a rule （一般的に）
    generally speaking （一般的に言って）
(4) 言い換えの表現
    in other words （別の言い方をすると）
    that is to say （すなわち）
    namely （つまり）
(5) 比較・対照を示す表現
    in contrast （対照的に）
    by the same token （同様に）
    likewise （同じように）
    on one hand （一方では）
    on the other hand （また他方では）
    on the contrary （反対に）
(6) 譲歩を表す表現
    be that as it may （〜であったとしても）
    at any rate （ともかく）
(7) 結論付けのための表現
    all things considered （すべてを考えてみると）
    in the final analysis （結局のところ）
(8) 限定を表す表現
    if necessary （必要ならば）
    if possible （可能ならば）
    strictly speaking （厳密に言えば）

（9）率直な意見表明に使う表現
   actually（実際のところ）
   to be honest（正直に言うと）
   to say the least（控えめに言っても）
   to tell the truth（本当のことを言うと）
（10）事実の強調に使う表現
   as a matter of fact（実際のところ）
   as it happens（意外かもしれないが、実のところ）
   believe it or not（信じがたいかもしれないが）
   needless to say（言うまでもなく）
（11）例を挙げるときの表現
   for example（たとえば）
   take . . . for example（～を例にとると）
   to illustrate（例を挙げてみると）

　これらの知的小道具を駆使すると、論旨の構築や整理がしやすくなりますので、どんどん活用して、より客観的な文章を目指しましょう。

第5章

これができれば パーフェクト！ 「推敲」と 「エディティング」

1 「推敲(すいこう)」するときのポイント

☑ 推敲の仕方

　書く作業に入る前に、「アウトライン」を作成することの大切さについては、すでに説明しましたが、ここでは、一応書き上げた文章の仕上げ方について考えてみましょう。

　原稿を書いた後でする作業には、大きく分けて

（1）「推敲 (revising)」
（2）「エディティング (editing)」

があります。

　まずは、推敲の仕方について考えてみましょう。

　推敲とは、revise（ラテン語の revisere ［re-（再び）＋visere（観察する）＝見直す］）＝ re ＋ view（もう一度見る）という語源からもわかるように、自分の書き上げた原稿を、もう一度新たな目で見つめ直す（＝検討する）ことです。この推敲の作業で、時として大幅な変更の必要が感じられることもあります。

☑ 「仮想の読者」の目で読み直す

　推敲の際、最も有効な手だては「他人の目」で自分の原稿を読み直すことです。実際に誰かに見てもらって、わかりにくい点などを指摘してもらうのも1つの方法ですが、なかなかそうもいきません。

　ですから、「仮想の読者」を想定して、自分の論点がひとりよがりになっていないかどうか、論理の展開や内容が明確かどうか、という観点から見直すようにします。

　目的の性質上、原稿を書き上げてすぐ見直しの作業に入るよりは、一晩寝かしておいたり、ある程度時間がたってから「仮想の読者」の目で読み直すのがよいでしょう。

---

column 仕上げる前にはネイティブ・チェック

　カジュアルな手紙ならともかく、普通の日本人が英語で多少フォーマルな文章を書くときには、仕上げの際にネイティブ・チェックが欠かせません。

　その際には、自分が書いた内容が理解できる人にチェックしてもらうのが理想です。文科系のバックグラウンドの人に技術系の書類を見てもらっても、内容が把握できなければ、とんちんかんな直しが入ってくることがあります。

　また、日本人なら立派な日本語を書けるとは限らないのと同じで、英語のネイティブだからといって立派な英語が書ける人ばかりとは限りません。できれば、目的に応じて、ふさわしい人にチェックしてもらうことを心がけましょう。

☑ 推敲作業を実践

次の文章は「安楽死」の是非に関して、ある学生が自分の意見を書いた課題文です。

(1) This essay is very difficult for me, because I have not thought about "euthanasia" before. (2) But I try to think about this topic. (3) **I disapprove of "euthanasia" privately,** when I think about the family's feeling. (4) The family of a patient who is in the vegetable state think that he may open his eyes and get up in the next morning. (5) **But I approve of the part of "euthanasia",** because people in the vegetable state cannot live with their own power. (6) They live by mechanical power. (7) They may never die. (8) We should decide the term of "brain death." (9) We may approve euthanasia after the term "brain death" is fixed. (10) In conclusion, I approve of the part of euthanasia.

(このエッセーは私にとってとても難しいものである。なぜなら、私はこれまで「安楽死」について考えたことがなかったからである。しかし、このことについて何とか考えてみようと思う。私は、家族の感情を考えたとき、個人的には「安楽死」には反対である。植物状態になってしまった患者の家族は、その人が翌朝目を開けて起き上がるかもしれないと思っている。しかし、私は「安楽死」に部分的には賛成できる。なぜなら、植物状態にある人は、自分の力で生きられないからである。彼らは機械の力で生かされている。彼らはずっと死なないかもしれない。われわれは「脳死」という言葉の意味を決めなければならない。われわれは「脳死」という言葉の意味が定まったら、「安楽死」を認めることができるかもしれない。結論として、私は「安楽死」を部分的に認める。)

では、この文章の推敲作業をしてみることにしましょう。

　まず、(1)(2)は、書き手のいわば「独白」で、書き手のこの問題に対する自信のなさを表しています。確かに「安楽死」というテーマは重く、難しい問題です。だからといって、冒頭で自分の内面をさらけ出し、「私はこの問題を考える能力がない」かのように言ってしまっては、「読み手」としてはこの先の文章を読む気がうせてしまいます。日本語的には、「謙虚さを表している」ということになるのですが、英語的に見ると「自分の無力をあからさまにしている」だけですし、主題とまったく関係ないので、(1)(2)は削ることにします。

　次に、この書き手の最も主張したいポイントは何かという観点から見てみましょう。つまり、この文章のトピック・センテンスは何かということです。それは(3)なのでしょうか、(5)なのでしょうか。

(3)では、disapproveと言い、(5)では、approveと言っています。これでは、読み手には書き手の立場が不明瞭です。この書き手自身、自分の意見を決めかねたまま書き始めてしまったので、このように矛盾するような2つのトピック・センテンスを書くことになってしまったものと思われます。やはり、トピック・センテンスは一本化しなくてはいけません。

　さらに、(7)と(8)の間には、論理の飛躍があるようで、うまくつながっていません。なぜ、突然「脳死」の意味解釈の必要性を主張するのかが、読み手としては釈然とせず、読んでいて消化不良を起してしまいそうです。ここにはもっと説明が必要です。つまり、「脳死」の定義がはっきりしていて、「脳死＝人の死」ということであれば、家族にとっても安楽死の考えも受け入れやすくなるのではないか、という書き手の意図するところを言葉にして説明する必要があります。

　このように、「読み手にわかるように主題が明示されているか」、「首尾一貫した論理構成になっているか」などの大きな見地から見直しを始め、その後で、1文単位の見直しをします。

　このように、推敲の際には「他人の目」、すなわち「読み手の存在」を意識すると、おのずと自分の文章の欠点が見えてくるものです。推敲は1回だけでなく、第1稿(first draft)、第2稿(second draft)というように、何回も重ねると、いっそう良いものが書き上がります。

✓ アメリカ人が同じトピックで書くと…

「安楽死」の問題は、誰にとっても難しい問題です。どちらかの立場をとらなければならないとしたら、「大変難しい問題である」とか、「私にはわからない」という正直な気持ちを言いたくなるのは仕方のないことかもしれません。たとえば、ある日本人の学生は、この問題に対して、次のように書きました。

[日本人学生]

I cannot answer this question clearly. It is very difficult for me . . . . I have no experience of a real situation or someone's death yet, **and I don't know how I think** . . . .

これはとても正直な告白です。しかし、最後の太字(薄墨)の部分、「私はどのように考えたらよいかわからない」という文は、いわば「禁じ手」で、自分の能力のなさをさらけ出しているようなものなので、英文では避けたほうがよいでしょう。

同じトピックを与えられたアメリカ人の学生は、この難しい問題に対してどのように対処しているか、例を2つ見てみましょう。

[A—アメリカ人学生(1)]

The topic of a mercy killing is a very delicate subject. The answer is definitely not obvious to most, but to some people it could be. The answer to this question on mercy killing is very personal, and I think the answer will vary greatly between each and every person. I don't think it is the answer for everyone. If someone is in great physical pain, and there is no hope for a cure or remedy, or medication for the pain, this would probably be the safest and most civil way to end your life if you really want to die that badly.

> (安楽死の問題は大変微妙な問題である。ほとんどの人にとって答えは明白なものでないであろうが、しかし明確な答えを持つ人もいるかもしれない。安楽死に関するこの問題の答えは非常に個人的なものであり、答えは個人によって大きく変わってくるであろうと考える。すべての人にとっての答えは存在しないと思う。もし誰かが肉体的にひどい痛みに苦しみ、その痛みに対する治療や薬の望みもない場合は、その人がもし本当に死にたいというのであれば、これが最も安全で親切な死に至る方法かもしれない。)

[B—アメリカ人学生(2)]

Mercy killing is a tough topic to agree or disagree with because there is such a fine line between right and wrong. The condition in which mercy killing should be carried out would vary in the minds of everybody. Nobody is right and nobody is wrong, but the problem is that nobody agrees with everybody.

> (安楽死の問題は賛否を表明するのが難しいトピックである。なぜなら、この問題に関して是非の差は非常に微妙なものであるからである。安楽死を実行すべき状態がどのようなものであるかについての考えは個人によりまちまちであろう。誰も正しくないし誰も誤ってはいない。しかし、問題は全員の意見の一致がありえないということである。)

この文章を書いたアメリカ人学生は、2人とも「自分には考えることができない」と言って、自分の能力のなさを露呈するのではなく、「このトピック自体が内包する問題の難しさゆえに、結論を出すのが難しいのである」というように述べています。結論が出ない理由を述べるのに、論点をトピック自体へと向けているわけです。答えは出せなくても、問題を分析し、何とかして自分の意見を導き出そうとしている点に注目してください。このような態度は、「問題解決型」の思考から生まれるもので、客観的で論理的な文章を書く際には、大きな助けとなります。

英語モードで e-mail

Eメールを書くときの心構え

　Eメール交信で一番心しておかなければならないのは、書いてから読み返さずにすぐに送信ボタンを押してしまうので、後悔することが往々にしてあるということでしょう。重要な情報を間違ってしまった場合など、それこそ、取り返しがつきません。それに、Eメールの世界では受け取った人によっては、あなたの書いたものがそのままあなたの知らない人に転送される危険性も常にあります。送信ボタンを押す前に、一呼吸おいて、よく読みなおして考えてから送りましょう。

　もう1つの注意点としては、どういうわけか、人は画面に向かって文章を書いていると、電話や面と向かっての会話よりも、自分の心の内を率直に出してしまいがちなようです。これが昂じると、「サイバー恋愛」とか、悪くすると犯罪（メール相手の高校生が人妻を殺害してしまったという事件など）にまでつながってしまいます。ですから、面と向かって言えないようなことであれば、画面に向かっても書いてはならないのだと考えるべきではないでしょうか。

✓ 言葉を尽くして説明する

　もう一例見てみましょう。これもやはりアメリカ人の学生が書いたものです。とくに、「回復の見込みがない (terminally-ill)」ということが、いかに望みがない状態であるかについて、情景がありありと目に浮かぶほど、言葉を尽くして詳しく説明している点に注目して読んでみてください。

The terminally-ill really have no life. What kind of life would it be if one could not do what everyone else is able to do? They are trapped in a hospital bed, lying in pain, and waiting for it all to end. They cannot go for a walk outside. They cannot play with their friends, or their children. They cannot enjoy the little things, such as a ball game, a picnic, or even just sitting outside on a nice day. They have the constant worry, in knowing that they will soon be gone. They wish that they could go, but the pain keeps them going for another day. What kind of life would this be?

（回復の見込みのない人は、とうてい生きているとは言えない状態にある。ほかの誰もができることができないような生活をして、それでいったい生きていると言えるのだろうか？　彼らは病院のベッドに縛りつけられ、痛みに耐えつつ、すべての終わりが来るのを待っているのである。外に散歩に出ることもできない。友だちや子どもと遊ぶこともできない。野球の試合や、ピクニックや、良い天気の日に戸外でただすわっているというようなささいなことすら楽しめない。彼らは、もうすぐ死ぬのだということを知るがゆえに、常に不安につきまとわれている。死んでしまいたいと思いながら、痛みに耐えつつ、1日また1日と生き永らえてしまう。こういう状態で生きていると言えるのであろうか。）

いかがでしょうか。ここで使われている表現や文法はそれほど高度なものではありません。ただ、ひたすら詳しく説明されているだけです。ここでは、論理的展開というよりも、積み重ねられた論理の力によって、"The terminally-ill patient has no life. What kind of life would this be?"という主張が説得力を増しています。ここには、書かれたもの、文字にされたものに大きな信頼を寄せ、根拠を求める英語社会の特性が再び垣間見られます。そして、"Tell them what you are going to tell them, tell them, and tell them what you have told them."という警句がまた思い出されるのです。

　説得力のある文章だからといって、決して難しい構文を使いこなすことが求められているわけではありません。この例文でもわかるように、簡単な構文でもよいから、読み手にとって情景が目に浮かぶように、そして、自分の主張が読み手を十分説得できるよう、言葉を尽くして詳しく説明することが大切なのです。たとえ表現は単純であっても、具体例を積み重ねることで、文章の説得力は増してくるのです。

　これらのアメリカ人学生の作文法から、私たちもあくまでも問題に対して知的に対処しようとする「問題解決」の姿勢をとり、言葉を尽くして説明する態度を学びたいものです。

2
「エディティング」の ポイント

　内容の推敲がだいたい終わったところで、次にすることは「エディティング」です。これは主に、単語のつづりが正しいか、文法的誤りはないか、大文字の使用が正しいか、コンマの使用が正しくされているかなどを点検する作業です。

☑ たかがスペリング、されどスペリング

　最近のパソコンのワープロ機能には、スペルチェッカーが付いていて、つづりの誤りはずいぶん減らせるようになりました。そして、存在する単語のスペリングではあるが（それゆえ、機械のスペルチェッカーには見逃される）、文中での使われ方がおかしいということはよくあるので、注意が必要です。
　たとえば、次のような場合です。

(1) 同音異義語（句）
　× I don't like **there** way of hiding.
　　　→ ○ **their**
　× I have to **by** a few more things. 　→ ○ **buy**

- ✗ I'll **meat** him tomorrow.　→ ○ **meet**
- ✗ The car ran **threw** a tunnel.　→ ○ **through**
- ✗ I don't like **it's** taste.　→ ○ **its**
- ✗ The party preparations are **already**.　→ ○ **all ready**
- ✗ I like the idea, **to**.　→ ○ **too**
- ✗ The **some** of two plus five is seven.　→ ○ **sum**
- ✗ Don't confuse the **break** pedal with the accelerator.　→ ○ **brake**
- ✗ The coach wondered **weather** his team would win or not.　→ ○ **whether**

たかがスペリング、されどスペリングです。読み手は、書かれたものであなたという人を判断するのですから、文章を仕上げる前には、スペリングの正しさにも細心の注意を払いましょう。Eメールであっても、スペルチェックをしてから送信するように心がけましょう。

(2) 混同しがちな語

- ✗ He pulled out his **lose** tooth.　→ ○ **loose**（ぐらぐらしている）
- ✗ Her dress is so **plane**.　→ ○ **plain**（平凡な）
- ✗ You have to be **quite** in a library.　→ ○ **quiet**（静かな）
- ✗ Kelly **excepted** the nomination.　→ ○ **accepted**（受け入れた）

✅ 日本人によくある 文法の間違いをチェックするポイント

文法の誤りは、その人の英語の習熟度によってまちまちですが、一般的には次のような点が間違いやすいので、最終チェックの際は、特に気をつけて見るようにしましょう。

(1) 単数・複数 → 複数の場合、複数形になっているか
　× three apple　→ ○ **apples**

(2) 三人称・単数・現在の場合 → sをつけているか
　× John live in Atlanta now.　→ ○ **lives**

(3) 時制は正しいか
　× I enjoy the party last night.　→ ○ **enjoyed**

(4) 動詞の自動詞と他動詞を混同してはいないか
他動詞は直接目的語を取ることができます。
① 他動詞を自動詞として使用した誤り
・授業に出席する：
　× attend to the class　→ ○ **attend the class**
・家を出る：
　× leave from home　→ ○ **leave home**
・命令に服従する：
　× obey to the order　→ ○ **obey the order**
・駅に着く：
　× reach to the station
　　→ ○ **reach the station**

・彼と結婚する：
  × marry with him → ○ marry him
・それについて述べる：
  × mention about it → ○ mention it
・その問題を討議する：
  × discuss about the problem
    → ○ discuss the problem

これらは日本語の助詞に引っ張られた誤りと言えるでしょう。

英語モードで e-mail

親しい人へのメール

親しい人の間での交信では、手紙文で決められているようなフォーマリティに関係なく、用件のみ伝えるというような文章をよく見かけます。下記のような、形式にこだわらず気持ちが前面に出たメールもあります。この他、Eメールでは、文体的にさまざまなものがあります。

一般的に、手紙文というのは長い伝統があるので、書き方の様式などがきちんと決まっていますが（ここでは、深く立ち入りません）、Eメールは最近になってから急速に発達した伝達手段なので、手紙のような決まりきったルールの細則はありません。これからEメールの書き方というような、定型が出てくるかもしれません。

Hello Naoki,
I just airmailed a package yesterday with refills of the skin medication. Use it carefully, according to the directions.
Hope school is going well now and you are back in the swing of things.

Grandpa

（直樹君、君の皮膚薬の補充分を入れた小包を昨日航空便で送ったところ。薬は指示通りに賢く使いなさい。学校のほうがうまく行っていて、もとの調子にもどっていることを祈っているよ。　　　　　グランパより）

② 自動詞を他動詞として使用した誤り
- 彼に謝る：
  × apologize him → ○ **apologize to him**
- 駅に着く：
  × arrive the station
    → ○ **arrive at the station**
- 手紙に返事を出す：
  × reply the letter
    → ○ **reply to the letter**
- その線から出発する：
  × start the line → ○ **start from the line**
- 高校を卒業する：
  × graduate high school
    → ○ **graduate from high school**
- 問題について言い争う：
  × argue the problem
    → ○ **argue about the problem**

③ 英語では受動態にならないもの

・私は雨に**降られ**、びしょぬれになった。

　✕　**I was rained** and got all wet.

　　　→ ○ **It rained and I got all wet.**

・私は昨日、電車の中で財布を**盗まれた**。

　✕　**I was stolen** my wallet on the train yesterday.

　　　→ ○ **I had my wallet stolen on the train yesterday.** または、**Someone stole my wallet on the train yesterday.**

・1945 年、広島に原爆が**落とされた**。

　✕　The atomic bomb **was fallen** on Hiroshima in 1945.

　　　→ ○ **The atomic bomb fell on Hiroshima in 1945.**
　　　(The atomic bomb was dropped on Hiroshima in 1945.)

傑作なレポート

さて、本章を閉じるにあたって、アメリカからEメールを通じて送られてきた「傑作なレポート」(実はジョークなのですが)を紹介します。

ある日、幹部がプロジェクト責任者に Bob Smith という従業員についての人物評価のレポートを書くように命じた。言われたプロジェクト責任者はつぎのような推薦文を書いた。

1　Bob Smith, my assistant programmer, can always be found
2　hard at work in his cubicle. Bob works independently, without
3　wasting company time talking with his colleagues. Bob never
4　thinks twice about assisting fellow employees, and he always
5　finishes given assignments on time. Often Bob takes extended
6　measures to complete his work, sometimes skipping
7　coffee breaks. Bob is a dedicated individual who has absolutely no
8　vanity in spite of his high accomplishments and profound
9　knowledge in his field. I firmly believe that Bob can be
10　classed as a high caliber employee, the type which cannot be
11　dispensed with. Consequently, I duly recommend that Bob be
12　promoted to executive management, and a proposal will be
13　executed as soon as possible.

Project Leader

(私の部下のプログラマーであるボブ・スミスは自分の仕事場で常に一生懸命に働いています。ボブは、仲間とおしゃべりして会社にいる時間を無駄に使うなどということはせず、自主的に働きます。ボブは常に快く同僚の手助けをするし、自分に与えられた仕事は時間通りに仕上げます。彼は自分の仕事を完遂するために、しばしばコーヒー・ブレイクを取ることもせず、無理をしてくれます。ボブは自分の専門分野においてすぐれた業績や深い専門知識があるにもかかわらず、まったくうぬぼれたところがなく、献身的な従業員であります。私はボブが優れた従業員であり、会社にとってなくてはならないタイプの人材に属すると確信しています。したがって、ボブは管理職に昇進するよう推薦されてしかるべきだと考えます。そして、この提案はできるだけ早期に実行されるべきでしょう。

プロジェクト責任者)

このメールを出した後で、プロジェクト責任者は次のようなメモをこの幹部に送った。

That idiot was reading over my shoulder while I wrote the report sent to you earlier today. Kindly read only the odd numbered lines for my true assessment of him.

（私があなたあてに先ほど送ったレポートを書いているとき、あのバカ（Bob Smith）が肩越しに読んでいたんですよ。どうか、私のやつに対する本当の評価については、あのレポートの奇数行の文をつなげて読んでくださいますように。）

【奇数行部分訳】
（私の部下のプログラマーであるボブ・スミスは、同僚とおしゃべりをして会社にいる時間を浪費しているのが見受けられます。ボブは与えられた仕事を時間通りにやり終えたことがありません。しばしばボブはコーヒー・ブレイクを延長して取っています。ボブは"献身的な"従業員ですが、自分の専門分野に関し、まったく何の知識も持ち合わせていません。私は、ボブが解雇されてよいと確信しております。したがって、ボブができるだけ速やかにクビになることを進言申し上げます。）

　このジョークはまさに、書き言葉だからこそ成立しているものです。話し言葉ではこうはいきません。しかし、このジョークの場合、行が変わらずに相手側に送られるということが成立必須条件です。時として、Eメールでは受け手側の機種やプログラムの互換性などの問題によって、改行が思わぬところで起こったりするので、要注意です。

<付録>
チェックしておきたい英文表記
～大文字・コンマ・コロンのルール～

●大文字

大文字使用のルール (capitalization rules) を復習しておきましょう。

(1) 文頭の最初の文字、および直接引用文の最初の文字

- The most effective way to improve your writing is to do writing exercises everyday. (書くことを上達させるための最も効果的な方法は、毎日書く練習をすることです。)
- When I came home, Kelly said, "Someone called you while you were out." (私が家に帰ると、ケリーが、「留守の間に誰かから電話があったよ」と言った。)

(2) 固有名詞 (proper noun)

a. 神: God / Buddha / Allah / Shiva
b. 人の名前、および称号:
   Mr. & Mrs. John Smith / President George Bush
c. 親族名称:
   - I had dinner with Aunt Barbara last night. (バーバラおばさんと昨夜食事をした。)

- Tell Father that I will be late for dinner.（お父さんに夕飯に遅れるって言ってください。）

※ただし、代名詞の所有格とともに用いられる場合は小文字：I like my aunt very much.（私はおばさんが大好きです。）/ My mother always tells me that I should be polite.（母はいつも私に礼儀正しくしなさいと言います。）

d. 地名：
   Tokyo / Australia / North Pole（北極）/ Lake Biwa（琵琶湖）/ Grand Canyon / New York

e. 地域名：
   the Middle East（中近東）/ the North（北部）、the South（南部）/ the East Coast（東海岸）
   ※ただし、方角を表すときは小文字：Drive west for about one hour, and then turn south.（西の方角に1時間くらい運転して、それから南に曲がりなさい。）

f. 月、曜日、祭日など：
   January / Monday / Thanksgiving / Green Day（緑の日）
   ※ただし、季節は小文字：summer / winter

g. 民族名、言語名など：
   Asian / Japanese / American / Muslim（イスラム教徒）/ Arabic / Caucasian（白人系の人）/ Korean

h. 学科名のうち、番号・記号が付いたもの、および言語科目：
   Chemistry 102 / Sociology 104 / German / French
   ※ただし、学科名で番号が付いていないものは小文字：history / computer science / math / music / English composition

i. 機関名：
   Harvard University / Ford Motor Company

j. 題名：Star Wars / Sophie's World

●コンマ

日本語の「読点(,)」は、かなり自由に置くことができ、厳格なルールがあるわけではありませんが、英語のコンマは、構文上の制約によって、かなりはっきりしたルールがあります。英文を書くときには見栄えをよくするためにも、こうしたルールにのっとって書くほうがいいでしょう。

(1) 3つ以上のものを区切るときのコンマ

いくつか同じ種類のものが並べられたとき、3つ以上の場合はそれらをコンマで区切ります。

・I had an egg, an orange, two doughnuts, and a cup of milk for lunch.

2つまではコンマは要りません。

○ For breakfast, I had a piece of toast and a cup of coffee.

× For breakfast, I had a piece of toast, and a cup of coffee.

このコンマのルールは、名詞が並ぶ場合だけではなく、その他の要素(動詞、形容詞、副詞)が3つ以上並べられた場合にも適用されます。

・Kathy opened the door, took off her shoes, and rushed into the living room. (キャシーはドアを開け、靴を脱ぎ、居間にかけていった。)

(2) 主節の前の文や句と主節の間に使うコンマ

従属節や接続詞、導入のための副詞(句)などが、主節の前に置かれたとき、主節との間にコンマを置きます。

    従属節   主節
・Because I was too tired, I could not walk too far.
(あまりにも疲れていたので、遠くまでは歩くことができ

なかった。)
→ 従属節が主節の前なので、コンマが要る。
- I could not walk too far because I was too tired.
  → 従属節が主節の後なので、コンマは要らない。

　　　　　　　従属節　　　　　　　　　　　主節
- When I opened the window, I saw a beautiful moon.
  (窓を開けると、美しい月が見えた。)
  → 従属節が主節の前なので、コンマが要る。
- I saw a beautiful moon when I opened the window.
  → 従属節が主節の後なので、コンマは要らない。

　　　　　　　副詞句　　　　　　　　　　　主節
- With the completion of the semester, the students are all excited about the upcoming summer vacation.
  (学期が終わり、学生たちはもうすぐ来る夏休みにわくわくしている。)

　　　副詞　　　　　　　　主節
- Surprisingly, nobody was injured in the accident.
  (驚いたことに、その事故でけがをした人はいなかった。)
  → そのほか、第4章でやったように、つなぎ言葉の後や等位接続詞（FANBOYS）の前には、コンマを置きます。

(3) 文の直接の流れと関係の薄い、挿入句的要素を区切るときに用いるコンマ

a. 関係詞の非制限用法
　- St. Paul, which is Minnesot's state capital, is a beautiful city with many lakes. (セントポールはミネソタの州都ですが、湖がたくさんあって美しい町です。)

b. 同格
　- St. Paul, Minnesota's state capital, is a beautiful city with many lakes. (ミネソタの州都であるセントポール

は、湖がたくさんあって美しい町です。)
- Tomoko, the best student in the class, failed the exam. (クラスで一番できる知子が試験に落ちた。)

c. 挿入句
- She had, of course, done everything she had been told to do. (彼女は、もちろん、しなさいといわれたことはすべてしました。)

挿入句としてしばしば使われる表現には、ほかに次のようなものがあります。

however / in fact / at any rate / therefore / I think (suppose, assume, guess) / by the way / I'm sure / finally

(4) 日付、地名の区切りに使うコンマ
- The letter was delivered on October 8, 2001. (その手紙は2001年10月8日に配達された。)
- The Anderson family lives at 117 Sherbet Street, Mankato, Minnesota. (アンダーソン家はミネソタ州マンケイト市シャーベット通り117番地に住んでいる。)

(5) 直接引用を導くときに使うコンマ
- She said to her boyfriend, "I don't want to see you anymore." (彼女はボーイフレンドに「もう顔も見たくない」と言った。)

(6) その他
Yes、No、Ohなどの後にも使います。
- Yes, I agree with you. (はい、あなたのご意見に同意します。)
- Oh, you are so kind! (まあ、あなたってなんてご親切なのでしょう。)

●セミコロン（;）とコロン（:）

セミコロンとコロンは、一見したところ似ていますが、その用法には差があります。

(1) セミコロン
セミコロンは、2つの独立した文（主語と述語がそろっている文＝S＋V）が密接に関連していて、ピリオドで2つの文に分けてしまうまでもないような場合に、接続詞の代わりとして使います。

・The economy is slow; the unemployment rate is up.
（経済は停滞している。一方、失業率は上がっている。）
・He did not listen to me; I could not help but write a letter to him.（彼は私の言うことに耳を貸さなかった。手紙を書くよりほかなかった。）

こうした文は、等位接続詞（and, but, or, nor）でつなぐ場合と同じ意味になることもありますが、等位接続詞とともに使う際は、セミコロンははずし、コンマを付けます。

× The economy is slow; and the unemployment rate is up.
○ The economy is slow; the unemployment rate is up.
○ The economy is slow, and the unemployment rate is up.

ただし、sentence connector と呼ばれる moreover、however、nevertheless、therefore などを使って、2つの独立文を結ぶ場合は、セミコロンを使い、その後ろに sentence connector、そしてコンマを置きます。

○ The economy is slow; moreover, the unemployment rate is up.
× The economy is slow, moreover, the unemployment rate is up.

このように、セミコロンは、文の中のある要素と別の要素をつな

ぐ接続詞に似た役割を果たしていることになります。

(2) コロン

コロンは、基本的には、コロンの次に来る文に焦点を当てる機能があります。そのほか、関連する事例をリストアップしたり、説明を加えたりするときに使います。

- My breakfast must consist of three things: a cup of coffee, a bagel, and a boiled egg.（私の朝食には次の3つのものがなくてはなりません。コーヒー、ベーグル、そしてゆで卵です。）
- What I want to say is the following: you must always get a second opinion whenever you make an important decision.（私が言いたいことは以下の通りである。つまり、いつでも重要なことを決める場合には別の人の意見を必ず聞きなさい、ということである。）

"the following"とか"as follows"という語句が来たら、その次にはコロンがあると思ってください。

そのほか、時間の表示（11:25）、ビジネスレターなど、正式な手紙文のあいさつの後（Dear Mr. Anderson:）などに使います。

次の2つの例文で、コロンとセミコロンの使われ方を比較してみましょう。

- The job you have described sounds very attractive; it is the kind of job I have been looking for.

（セミコロン：後ろに来る文章が前の文章を説明しているというわけではなく、単に連なっているだけ）

- The job you have described sounds very attractive: the salary is good, and the opportunities for advancement seem excellent.

（コロン：後ろに来る文章が最初の文章の説明となっている）

(Sabin, 1992)

こうしたルールに関しては、普段からそれぞれの使われ方に注意を払っていろいろな英文を読んでいると、おのずとそれぞれの使用方法がわかってきます。

あとがき

　本書で取り扱ったテーマ、「英文ライティングをするときは、英語モードで」というのは、本書の冒頭でご紹介した私自身の体験から出てきている提案です。

　高校生のときに1年、そしてその後、家庭を持ってから大学院に行きながら過ごした5年間の、合計6年間のアメリカでの学生生活および生活体験から、英文を話したり書いたりするときは、「英語モード」になりきることの大切さを思い知らされました。

　これは、アメリカ留学中からの思いですが、帰国後、20年近く日本の大学で英文ライティングを教え、ますますその気持ちを強くしてきました。

　幸い、『Asahi Weekly』紙上で、私は「英語的発想で簡単英作文」という同様なコンセプトによるコラムを1年間連載した(1999年4月4日号〜2000年3月19日号)ことがあり、それをもとにして、執筆することにしたのが本書です。

　連載中は、各回完結のような形だったものですが、1冊の本にするとなると、続き具合や流れという面で、いろいろと不都合が生じ、全面的に書き換えが必要でした。結果的には、本書を書くにあたり、連載分のうち不都合なものは削り、新たなものを多く執筆するというようにして、なんとかまとまりのあるものになるよう工夫しました。

「英語モード」による英文ライティングというのは、私の長年にわたる主張ですが、まだまだ勉強が足りないこともあり、十分に意を尽くして書くことができたとも思われませんし、不勉強のため不明を恥じなければならない点も多くあると思います。でも、ここまで書くことができたのは、ライティングの研究仲間である、上村妙子氏、熊本たま氏、そして松本佳穂子氏との日ごろからの意見交換があったればこそと思い、御三方には深く感謝申し上げます。

　また、この出版につながる機会をご紹介くださった、脇山怜氏に、お礼を申し上げます。

　そして、担当編集者として的確なアドバイスをくださった講談社インターナショナルの大村数一氏、藤本信彦氏には大変お世話になりました。ことに、藤本氏には、本書の構成のアイディアから、貴重な資料の提供まで、さまざまなご援助をいただきました。この場をお借りしてお礼申し上げます。さらに、この本のもととなった連載の本書への転用をお許しくださった『Asahi Weekly』の関係各位にも深くお礼申し上げます。

<参考文献>

Barnard, C. (1991). *How to Improve Your English*. 研究社.

Bereiter, C. & Scardamalia, M. (1987). *The Psychology of Written Composition*. Hillsdale, NJ: L. Erlbaum.

Christopher, R. (1987). *The Japanese Mind*. Tokyo: Tuttle.

Crystal, D. (2001). *Language and the Internet*. Cambridge: Cambridge University Press.

Fister-Stoga, F. (1995). An independent learning: Lafcadio Hearn as educator. *The Proceedings of The Department of Arts and Sciences*, University of Tokyo, 24-43.

Flower, L.S. & Hayes, J. R. (1980). Identifying the organization of writing process. In L. W. Gregg & E. R. Steinberg (Eds), *Cognitive Processes in Writing*. Mahwah, NJ: Lawrence Erlbaum Associates, Publishers.

Flower, L. S. & J. Hayes, J. R. (1981). A cognitive process theory of writing. *College Composition and Communication, 32*, 365-87.

Giveny, F. (1975). *Japan—The Fragile Superpower*. Tokyo: Tuttle.

Grabe, W. & Kaplan, R. B. (1996). *Theory & Practice of Writing*. New York: Addison Wesley Longman.

Hallidy, M. A. K. & Hasan, R. (1976). *Cohesion in English*. London: Longman.

Harder, B. D. & Harder, H. (1982). Cultural interface and teaching English composition in Japan, 『英語教育』 7月号, 19-23.

Hayes, J. (1996). A new framework for understanding cognition and affect in writing. In M. Levy, & S. Ransdell (Eds), *The Science of Writing* (pp.1-27). Mahwah, NJ: Lawrence Erlbaum Associates.

Hayes, J. R. & L. Flower, L. S. (1983). Uncovering cognitive process in writing: An Introduction to protocol analysis. In P. Mosenthal, L. Tamor & S. Walmsley (Eds), *Research in Writing: Principles and Methods* (pp.206-19). London and New York: Longman.

Hogue, A. (1996). *First Steps in Academic Writing*. Addison-Wesley Publishing Company.

Kamimura, T. & Oi, K. (2001). The effect of differences in point of view on the story production of Japanese EFL students. *Foreign Language Annals, 34(2)*, 118-129.

Kane, Y. (1988). *The Oxford Guide to Writing*. Oxford: Oxford Publishing Company.

Kaplan, R .B. (1966). Cultural thought patterns in inter-cultural education. *Language Learning, 16(1)*, 1-20.

Kelly, C. & Shortreed, I. (1989). *Significant Scribbles—Writing for Fluency*. Hong Kong: Lingual House.

Li, C. N. & Thompson, S. A. (1976). Subject and topic: A new typology of language. In C. N. Li (Ed), *Subject and Topic (*pp. 457-489). London: Academic Press.

Nation, I. S. P. (1990). *Teaching and Learning Vocabulary*. Rowley,

MA: Newbury House.

Neeld, E. C. (1986). *Writing* (2nd ed.). Glenview, IL: Scott, Foresman.

Oi, K. (1999 a). Comparison of argumentative styles: Japanese college students vs. American college students—An analysis of the Toulmin Model. *JACET BULLETIN, 30*, 85-102.

Oi, K. (1999 b). A note of Japanese Students' preference for the first person perspective in writing in English, *Writings in the English Language Classroom, Tokai University Foreign Language Center, Monograph Series Vol.3*, 37-47.

Raimes, A. (1985). What unskilled ESL students do as they write: A classroom study of composing, *TESOL Quarterly, 19*, 229-258.

Reid, J. (1993). *Teaching ESL Writing*. Englewood Cliffs, NJ: Prentice Hall Regents.

Renkema, J. (1993). *Discourse Studies — An Introductory Textbook*. Amsterdam: John Benjamin Publishing Company.

Rutherford, W. (1987). *Second Language Grammar: Learning and Teaching*. London: Longman.

Sabin, W. (1992). *The Gregg Reference Manual*. New York: McGraw-Hill.

Seely, J. (1998). *Oxford Writing & Speaking*. Oxford: Oxford University Press.

Shaughnessy, M. (1987). *Errors and Expectation*. New York: Oxford University Press.

Toulmin, S. (1958) (1969). *The Use of Argument*. Cambridge: Cambridge University Press.

Winterowd, W. R. (1981). *The Contemporary Writer*. New York: HBJ.

Wood, N. (2001). *Writing Argumentative Essays*. Upper Saddle River, NJ: Prentice Hall Regents.

大井恭子 (2000).『コンピューター対応TOEFLテストライティング完全制覇』、三修社

大津栄一郎 (1993).『英語の感覚(上)』、岩波新書

小野田博一 (1996).『論理的に話す方法』、日本実業出版社

片岡義男 (1999).『日本語で生きるとは』、筑摩書房

上村妙子、大井恭子(1992).『レポート・ライティング』、日本英語教育協会

苅谷剛彦 (2000).『知的複眼思考法』、講談社

小塩節 (2000).「芭蕉とからす」、NHK総合『視点・論点』2000年6月2日放送

清水義範 (2000).『作文大嫌い』、学研ブックス

中村明 (1995).『文章をみがく』、NHKブックス

西研、森下育彦(1999).『「考える」ための小論文』、ちくま新書

西村肇(1997).「論理的な表現とロジカルな表現」、『言語』6月号

樋口裕一 (2000).『ホンモノの文章力』、集英社新書

脇山怜、佐野キム・マリー (2000).『「英語モード」で英会話』、講談社インターナショナル

著者紹介

大井 恭子
おお い　きょう こ

長野県上田市生まれ。東京大学文学部英語英米文学科卒業、ニューヨーク州立大学ストーニー・ブルック校大学院言語学科博士課程修了。文学博士(応用言語学・英語教授法)。東洋女子短期大学助教授、東洋学園大学教授、東洋英和女学院大学教授を経て、千葉大学教育学部教授。著書に『コンピューター対応TOEFL®テスト ライティング完全制覇』(三修社)、共著に『アメリカを暮らす』(旺文社文庫)、『レポート・ライティング』(日本英語教育協会)、『英語総合研究』、『Writing Power』(共に研究社出版)などがある。

「英語モード」でライティング
ネイティブ式発想で英語を書く

2002年2月15日　第1刷発行

著　者	大井 恭子
発行者	野間 佐和子
発行所	講談社インターナショナル株式会社 〒112-8652　東京都文京区音羽1-17-14 電話　03-3944-6493(編集部) 　　　03-3944-6492(営業部・業務部) ホームページ　http://www.kodansha-intl.co.jp
印刷所	図書印刷株式会社
製本所	図書印刷株式会社

落丁本、乱丁本は、講談社インターナショナル業務部宛にお送りください。送料小社負担にてお取替えいたします。なお、この本についてのお問い合わせは、編集部宛にお願いいたします。本書の無断複写(コピー)は著作権法上での例外を除き、禁じられています。

定価はカバーに表示してあります。

© Oi Kyoko 2002
Printed in Japan

ISBN4-7700-2834-2

あなたの英語が変わる 講談社パワー・イングリッシュ

TOEIC対策に最適！

ホームページ http://www.kodansha-intl.co.jp

CDブック
英会話・ぜったい・音読
頭の中に英語回路を作る本

「勉強」するだけでは、使える英語は身につきません。スポーツと同じで「練習」が必要です。使える英語を身につけるには、読んで内容がわかる英文を、自分の身体が覚え込むまで、繰り返し声を出して読んでみることです。音読、そして筆写という、いわば英語の筋肉トレーニングを自分自身でやってみて、初めて英語の基礎回路が自分のなかに構築出来るのです。

"聴く・話す・読む・書く"の4機能をフル活用し、「読める英語」を「使える英語」に変えてしまいましょう。まずは3カ月、だまされたと思って練習してみると、確かな身体の変化にきっと驚くことでしょう。

中学3年生用の英語教科書から12レッスンを厳選して収録しました。
國弘正雄 編 千田潤一 トレーニング指導 144ページ CD (40分)付 ISBN 4-7700-2459-2

CDブック 英会話・ぜったい・音読 [入門編] 英語の基礎回路を作る本
中学1、2年生用の英語教科書から選び抜いた12レッスン。
國弘正雄 編 久保野雅史 トレーニング指導 千田潤一 レッスン選択
160ページ CD (25分)付 ISBN 4-7700-2746-X

CDブック 英会話・ぜったい・音読 [挑戦編] 英語の上級回路を作る本
高校1年生用の英語教科書から選び抜いた10レッスン。
國弘正雄 編 千田潤一 トレーニング指導 160ページ CD (45分)付 ISBN 4-7700-2784-2

TOEICスコアの目安

400点	500点	600点	700点	800点
英会話・ぜったい・音読 [入門編]				
	英会話・ぜったい・音読			
			英会話・ぜったい・音読 [挑戦編]	

あなたの英語が変わる
講談社パワー・イングリッシュ
ネイティブチェック済

ホームページ　http://www.kodansha-intl.co.jp

これを英語で言えますか?
学校で教えてくれない身近な英単語

「腕立てふせ」、「○×式テスト」、「短縮ダイヤル」、「$a^2+b^3=c^4$」……あなたはこのうちいくつを英語で言えますか?
日本人英語の盲点になっている英単語に、70強のジャンルから迫ります。読んでみれば、「なーんだ、こんなやさしい単語だったのか」、「そうか、こう言えば良かったのか」と思いあたる単語や表現がいっぱいです。
雑学も満載しましたので、忘れていた単語が生き返ってくるだけでなく、覚えたことが記憶に残ります。弱点克服のボキャビルに最適です。

講談社インターナショナル 編　232ページ
ISBN 4-7700-2132-1

続・これを英語で言えますか?
面白くって止まらない英文&英単語

「英語」って、こんなに楽しいものだった!
「知らなかったけど、知りたかった…」、「言ってみたかったけど、言えなかった…」、本書は、そんな日本人英語の盲点に、70もの分野から迫ります。
「自然現象」「動・植物名」から「コンピュータ用語」や「経済・IT用語」、さらには「犬のしつけ」「赤ちゃんとの英会話」まで…、雑学も満載しましたので、眠っていた単語が生き返ってきます。
ついでに、「アメリカの50の州名が全部言えるようになっちゃった」、「般若心経って英語の方が分かりやすいわネ」…となれば、あなたはもう英語から離れられなくなることでしょう。英語の楽しさを再発見して下さい。

講談社インターナショナル 編　240ページ
ISBN 4-7700-2833-4